VENCE
t u s
PREOCUPACIONES

*Gana la batalla
sobre la ansiedad*

JOHN EDMUND
HAGGAI

PORTAVOZ

La misión de *Editorial Portavoz* consiste en proporcionar productos de
calidad —con integridad y excelencia—, desde una perspectiva bíblica y
confiable, que animen a las personas a conocer y servir a Jesucristo.

Título del original: *How to Win Over Worry* © 2001/2009 por John Edmund
Haggai y publicado por Harvest House Publishers, Eugene, Oregon 97402.
Traducido con permiso.

Edición en castellano: *Vence tus preocupaciones* © 2010 por Editorial Portavoz,
filial de Kregel Publications, Grand Rapids, Michigan 49501. Todos los derechos
reservados.

Traducción: Rosa Pugliese

EDITORIAL PORTAVOZ
P.O. Box 2607
Grand Rapids, Michigan 49501 USA

Visítenos en: www.portavoz.com

ISBN 978-0-8254-1335-3

2 3 4 5 / 14 13 12 11

Impreso en los Estados Unidos de América
Printed in the United States of America

Para Christine, mi esposa desde hace sesenta y cuatro años.

CONTENIDO

PRÓLOGO

En los años cincuenta, comencé a dar conferencias bajo el título: "Vence tus preocupaciones". Grandes audiencias asistían a cualquier ciudad donde se realizaban los encuentros. Era obvio que estaba abordando una necesidad palpable. Miles de asistentes solicitaban información sobre el material enseñado.

En 1958 mi esposa y mi asociado me sugirieron que pusiera por escrito las enseñanzas de la conferencia, de modo que reservé tres semanas para llevar a cabo dicha tarea. Y a finales de ese año, había terminado un libro de doscientas páginas dedicado exclusivamente a las preocupaciones. En mayo del año siguiente, aparecieron los primeros ejemplares del libro en librerías de todos los Estados Unidos.

Fue el primer libro de este género publicado por una editorial cristiana y distribuido en las librerías cristianas. La editorial mostró gran osadía al promocionarlo. Su intención era, como después me enteré, hacer una tirada y distribuirlo durante más o menos un año, y después vender el saldo a un costo menor hasta liquidarlo.

Cómo llegó a ser un éxito de librería

El libro tuvo ventas continuas por dos razones.

Uno de los representantes de venta de la editorial anunció al dueño de una librería de Oregón, Bob Hawkins padre, que la intención de la casa publicadora era descatalogar el libro después que se agotara la edición existente.

Bob Hawkins, dueño de dos librerías del estado de Oregón en aquella época, dijo: "Este libro no debe descatalogarse". Para demostrar que tenía razón, ordenó 500 libros en tapa dura. Comprar

500 libros en tapa dura para dos librerías pequeñas de una ciudad pequeña parecía una insensatez. Pero Bob vendió todos los libros en el plazo de dos meses.

Mientras tanto, yo había hablado con el señor Ellison, que tenía puestos de venta de libros de tapa blanda en noventa y dos aeropuertos líderes de los Estados Unidos. Ellison solicitó que se hiciera una edición de libros en tapa blanda para poder venderlos en los aeropuertos. El libro se vendió muy bien.

Lo que Bob Hawkins y Ellison hicieron con el libro le dio una presencia permanente en el mercado. Si yo hubiera sabido que el plan de la editorial en 1959 no era hacer ninguna reimpresión del libro, estoy seguro de que nunca hubiera escrito otro.

Desde que Bob compró aquellos 500 ejemplares, se ha traducido a diecinueve idiomas, se han hecho más de 50 ediciones y se han vendido más de dos millones de ejemplares. Además, ha conmovido la vida de lectores en más de ciento cincuenta países.

Me siento honrado de que Harvest House, fundada por Bob Hawkins padre y ahora conducida por Bob Hawkins hijo, haya publicado esta quincuagésima edición.

Una historia memorable sobre *Vence tus preocupaciones*

Ya he cumplido noventa años de vida.

Durante más de sesenta años, me he presentado ante el público de cada continente y muchísimas naciones. He realizado más de cien viajes alrededor del mundo e infinidad de viajes internacionales.

En todo ese tiempo, he descubierto que la naturaleza humana no cambia. De hecho, el número de personas que necesita ayuda para superar la preocupación parece haberse incrementado de manera alarmante.

El sudafricano Andre Petersie, que llegó a ser un alto ejecutivo de una de las principales compañías cinematográficas de Hollywood, me llamó por teléfono un día para pedirme que le enviara un ejemplar del libro a uno de sus amigos, un empresario destacado del Reino Unido.

En menos de una semana después de haberle enviado el libro, recibí una llamada telefónica de Londres. El nombre no me sonaba conocido hasta que me di cuenta de que era el hombre que Petersie me había pedido que ayudara.

El empresario dijo: "Quiero agradecerle por el libro. Estaba en el dormitorio de mi residencia de Londres, con un revolver en la mano, listo para volarme los sesos cuando escuché un ruido en el piso de abajo. Miré a través del enrejado del balcón y vi que habían lanzado un paquete por la hendidura de la casilla de correo. La curiosidad me llevó a querer averiguar qué había en el paquete antes de terminar con mi vida. Era su libro. Como resultado, mi vida ha sido transformada. Me he entregado completamente al Señor Jesucristo y quiero agradecerle por ser el instrumento que me ha salvado no sólo física, sino espiritualmente".

¿Qué puedes esperar de la lectura de este libro?

Este libro no afirma tratar con los problemas psiquiátricos y médicos. Lo que hace es presentar una fórmula para ayudar a las personas afectadas por la ansiedad, pero que no sufren de la clase de enfermedad mental que requiere intervención médica profesional.

Después de la quinta edición de este libro, hablé con la Asociación Médica de Texas y me enteré de que más de cien médicos estaban usándolo para pacientes con perturbaciones leves. Cientos de ministros religiosos y consejeros, tanto de los Estados Unidos como del extranjero, han usado el libro para ayudar a quienes acuden a ellos.

Creo que la preocupación es una condición subyacente de la sociedad estadounidense y, probablemente, también de la sociedad global. No todos sufren de depresión o psicosis clínica. Pero todos, en algún momento, se preocupan. Y muchos descubren que la preocupación descontrolada les quita la alegría de vivir y les provoca un deterioro en la mente y el cuerpo.

Por supuesto, sería ingenuo esperar que la sola lectura de un libro, por sí misma, produzca un cambio total en la vida. Una destacada solista soprano de Memphis, que leyó *Vence tus preocupaciones*, me dijo:

—He leído tu libro, pero todavía no puedo dejar de preocuparme.

—Ruth, sé que no te importa decir tu edad, ¿cuántos años tienes? —le pregunté.

—Cincuenta y tres. ¿Por qué? —dijo perpleja.

—Entonces, ¿estoy en lo cierto si digo que has estado preocu-pándote durante la mayor parte de tus cincuenta y tres años?

—Sí.

—¿No es ilógico pensar que, con la sola lectura de un libro, se puedan invalidar cincuenta y tres años de hábitos?

No espero mucho de la persona que lea este libro solo una vez. Yo mismo lo releo periódicamente para reforzar las verdades que necesito para mi propia salud y fortaleza emocional; ¡y soy el autor!

Justo hace algunos días, mientras le hacía los últimos retoques a esta edición, un multimillonario multinacional, cuyo nombre es mundialmente conocido, ordenó un ejemplar para leer.

Al parecer, este renombrado hombre del siglo XXI toma muy en serio la necesidad de vencer las preocupaciones.

Te sugiero que leas este libro y lo releas. Haz anotaciones sobre los pasajes relevantes a tu necesidad personal en los márgenes o en el interior de la cubierta. Y escribe tus metas específicas.

El psiquiatra de Nueva York, Ari Kiev, descubrió que los pacien-tes que se establecen metas y trabajan para cumplirlas suelen recu-perarse más que aquellos que no lo hacen. Las metas específicas que requieren una medida de acción inmediata te ayudarán realmente a controlar el problema y encontrar una salida.

Por último, muy pronto verás que el consejo que este libro te ofrece proviene de otro libro mucho más maravilloso: la Biblia.

Cuando era joven escuché que un psicólogo clínico dijo: "Lo que pienses en los primeros cinco minutos después de despertarte determinará la clase de día que tendrás".

No puedo dejar de recomendar que todo aquel que se encuentre cercado por las preocupaciones, dedique un momento cada mañana para leer el único libro de todos los tiempos que verdaderamente puede transformar la vida.

La lectura de la Santa Biblia mejorará tu día.

PARTE I

TÚ PUEDES VENCER TUS PREOCUPACIONES

1

LOS QUE VENCEN Y LOS QUE SE DEJAN VENCER

En 1969, estuve al borde de un desastre económico. Hacía apenas algunos años, había sido el líder religioso mejor pagado de los Estados Unidos. Dios me había bendecido con un nivel de ingresos que muy pocos ministros cristianos disfrutaban. En el mejor momento, llegué a ganar 12.200 dólares en un solo mes. Lo que en 2009 equivalía a 86.800 dólares.

Y después lo perdí todo.

Al tratar de cumplir con la visión que Dios me había dado, invertí cada dólar que tenía en un ambicioso proyecto de capacitación global, que incluso algunos de mis mejores amigos tildaron de locura. Además, mi esposa Christine y yo estábamos a cargo de nuestro hijo inválido Johnny, y eso nos costaba más de diez mil dólares al año.

Ante la drástica reducción de mis ingresos, tuve que hacer efectiva mi póliza de seguro y, al poco tiempo, había acabado con mis ahorros y estaba sumido en una profunda deuda. Tuve que vender mi automóvil. Y si no lograba reunir el próximo pago de la hipoteca, perdería mi casa.

Lo que me ocurrió después me obligó a tomar una de las decisiones más difíciles que he tenido que tomar en mi vida.

Recibí una llamada del Dr. Wendell Philips.

Cuando era joven, Philips había realizado audaces hazañas en el Medio Oriente, que más tarde inspirarían el personaje de Hollywood, Indiana Jones. A los veintiséis años de edad, había emprendido la búsqueda de los restos del palacio de la reina de Saba, por lo cual tuvo un dramático enfrentamiento con los caudillos locales del Yemen. Ahora, un par de décadas más tarde, su exhaustivo trabajo en el Medio Oriente lo había convertido en el empresario de petróleo independiente más importante del mundo. Cuando se enteró de mis propias raíces del Medio Oriente por parte de mi padre, me hizo una propuesta.

"Quiero que trabajes conmigo por un año —dijo él—. Te pagaré un millón de dólares con la firma del contrato. Además compartiré contigo el porcentaje de las regalías sobre cualquier descubrimiento petrolero".

Todos los cálculos mostraban que era una oferta colosal. Y resultó ser que al poco tiempo se hizo un descubrimiento enorme en el norte de África, que produjo una rentabilidad de treinta y siete millones de dólares bajo los términos del contrato de Philips.

Pero yo tenía que pagar un precio.

Me senté en mi escritorio y pensé en un futuro lleno del dinero de Wendell Philips; y una visión dada por Dios que seguramente moriría si renunciaba a ella en ese momento crucial para rescatar mis finanzas.

Sabía que no tenía opción.

—Lo siento —le dije—. No puedo aceptarlo.

Él se quedó sorprendido.

—¿Qué pasa, no es suficiente dinero para ti?

—No —respondí—. Es que tu trabajo es demasiado pequeño.

Colgué el teléfono, y pensé que solo un imbécil podía rechazar la posibilidad de una riqueza casi instantánea.

Seguí escuchando las palabras del apóstol: "…si alguno no provee para los suyos, y mayormente para los de su casa, ha negado la fe, y es peor que un incrédulo" (1 Ti. 5:8). ¿En qué estaba pensando?

Pero sabía que estaba haciendo lo correcto.

En vez de tomar un avión hacia Medio Oriente con un millón de dólares en mi cuenta bancaria, elegí el camino más difícil: que un pequeño grupo de líderes cristianos de todo el mundo viajara a Suiza para participar de un programa de capacitación nunca antes conocido; el programa que posteriormente llegó a ser el Instituto Haggai. El trauma financiero continuó. Pero dado que no quería someter a mi esposa a más estrés, me reservé el problema monetario estrictamente para mí. Al final, me llevó veintidós años salir de las deudas. Pero esto es lo interesante: durante todos aquellos años, pude haberme muerto de la preocupación. Pude haber pasado noches en vela a causa del estrés. Pude haberme desesperado y muerto de ansiedad al tener que enfrentarme a cientos de incertidumbres. Y nadie me hubiera culpado por ello.

Pero no lo hice.

Mucho antes de que estallara mi crisis económica, había aprendido a vencer la preocupación. Sabía que podía optar por preocuparme o *no* preocuparme. Era mi decisión. Y yo preferí vencer la preocupación antes que la preocupación me venciera a mí.

¿Qué cosas te han llevado a preocuparte?

Puedo recordar exactamente cuando dejé de preocuparme.

Era un joven pastor de veinticuatro años, esmerado y trabajador. Me exigía tanto que finalmente sufrí una crisis nerviosa. Entonces, mi médico me ordenó que me tomara un tiempo de descanso, y durante aquella convalecencia forzada, experimenté una transformación de ciento ochenta grados en mi manera de pensar.

Con gratitud a Dios, puedo decir que, desde el otoño de 1948, no he perdido ni cinco minutos de descanso por ningún problema, dificultad, tensión o circunstancia adversa.

No estoy diciendo que mi vida ha sido sumamente fácil. Por más de ochenta años, he tenido sobradas presiones, incertidumbres e incluso críticas. Esto es algo que no se puede evitar.

Y los que me conocen tampoco dirían que ando por todos lados en un estado de entusiasmo antinatural. Para mí, vencer la preocupación tiene poco que ver con mis emociones. Es algo que tiene que ver con la voluntad; tan racional como elegir a qué restaurante ir a cenar.

En vista de los sucesos económicos que estamos viviendo mientras realizo esta nueva versión del libro, me veo obligado a concluir que la mayoría de los estadounidenses se ha dejado vencer por la preocupación. Por ejemplo, la encuesta sobre afluencia y riqueza en los Estados Unidos, publicada en mayo de 2009 por *American Express Publishing* y *Harrison Group* mostró que más de la mitad de las personas adineradas de ese país estaba preocupada por la posibilidad de quedarse sin dinero. Según el mismo informe, cuatro de cada cinco familias adineradas sentían haber sufrido un golpe sustancial a su seguridad financiera. Estas, en general, son personas que no están en grave peligro de ser pobres. Pero es así como funciona la preocupación. El radar de la preocupación va más allá del peligro real y te hace creer que estás cercado por todos los flancos, por problemas que no se pueden resolver.

Para vencer la preocupación, es necesario tener la perspectiva adecuada.

Cada etapa de la vida te presenta cosas por las cuales preocuparte:

- *Crecer es preocupante*. Los niños y los jóvenes a menudo sufren de terror nocturno, la presión de los exámenes, la intimidación de los pares, el rechazo social y el estrés de salir con personas del sexo opuesto. Súmale a ello la ansiedad resultante de las disoluciones matrimoniales y el temor de desilusionar a los padres.
- *Trabajar es preocupante*. La mayoría de los lugares de trabajo produce estrés. Entre los que soportan mayor estrés, se encuentran los que controlan el tráfico, los directores ejecutivos de una empresa, los agentes de bolsa, los trabajadores de los servicios de emergencia, los funcionarios de gobierno locales, los asistentes sociales, los trabajadores nocturnos, el personal de ventas en general y ventas por teléfono, los maestros y los médicos.
- *Ser una mujer es preocupante*. Las mujeres son propensas a llevar cargas emocionales. Si eres mujer, tendrás la tendencia natural de preocuparte por tu familia y tus responsabilidades. Y si trabajas y tienes

una familia, puede que te sientas culpable de dejar a tus hijos cuando vas a trabajar. Y por lo general, tener un hombre en tu vida que te diga: "No te preocupes" no es de ayuda.

• *Ser padre es preocupante.* Más que nunca antes, los padres se preocupan por las cosas malas que les pueden suceder a sus hijos. Accidentes, asaltos, uso de drogas, malas compañías. Y todo esto además de la ansiedad normal de que sus hijos obtengan buenas calificaciones y encuentren un buen trabajo después de terminar sus estudios.

• *Las experiencias pasadas son preocupantes.* Las experiencias traumáticas dejan cicatrices. La persona que sufre el abandono tendrá la tendencia a preocuparse de que la vuelvan a abandonar otra vez. De igual modo, un gran número de veteranos de guerra sufren un trastorno por estrés postraumático.

• *Envejecer es preocupante.* Las personas mayores caen fácilmente en la preocupación. Sienten que tienen menos control de la vida y más incertidumbre del futuro.

Cualquiera que sea la etapa de la vida en la que te encuentres y sea cual sea tu situación, tendrás que enfrentar retos. Puede que pierdas tu trabajo. Puede que veas a tus hijos irse de tu casa. Puede que experimentes un deterioro en tu salud. Estos cambios tendrán un efecto en tu vida. Y puedes contrarrestar ese efecto e incluso capitalizarlo si tomas la acción adecuada.

Sin embargo, la preocupación trata de sacar todo de la zona de *acción* para llevarlo a la zona de los *sentimientos.*

En vez de responder positiva y constructivamente, comienzas a…

• Hundirte en la autocompasión.
• Temer que las cosas empeoren.
• Lamentarte de acciones del pasado que ahora parecen poco sensatas.

• Desear haber hecho las cosas de manera diferente.
• Preguntarle a Dios por qué permitió que estas cosas te pasaran a ti.
• Sentirte disgustado y resentido porque las cosas salieron mal.
• Tener una perspectiva pesimista de todo.
• Perder tu capacidad de disfrutar de la vida.
• Preocuparte por estar demasiado preocupado.

Una vez que la preocupación te domine, pronto comenzarás a preocuparte por cosas que no existen y que no se están materializando.

Muchos psicólogos clasifican la preocupación en dos categorías: la denominada *preocupación productiva* que es la que te motiva a resolver tus problemas, y la *preocupación destructiva* que es la que te lleva a la ansiedad y el temor constantes. Pero clasificar la preocupación de esta manera es partir de una hipótesis equivocada que sostiene que la preocupación es inevitable. Frente al estrés, estos psicólogos afirman que una persona se preocupará, lo quiera o no. Por lo tanto, la única pregunta es si una persona se está preocupando *demasiado*.

En realidad, la preocupación productiva simplemente no existe. Toda preocupación es destructiva. No importa a cuánto estrés eres sometido, *no tienes que preocuparte en absoluto*.

Si te acecha la preocupación, no deberías tratar de analizar si estás cruzando la línea que divide la preocupación productiva de la destructiva. Nunca encontrarás dicha línea, y darle vueltas a ese asunto no te llevará a ningún lado.

Todo se resume en esto: decides preocuparte o no preocuparte.

Qué sucede cuando te preocupas

Un psicólogo capacitado en el ministerio, el recientemente fallecido Dr. Eddie Lieberman, una vez tuvo que atender a una mujer joven que había quedado paralítica.

Cuando fue a verla, ella le dijo que estaba enferma, que ya no amaba a su esposo (en ese entonces, él estaba en el exterior con las fuerzas armadas) y que quería divorciarse. Su estado físico se estaba deteriorando aceleradamente.

El instinto de Eddie como psicólogo le dijo que algo andaba muy mal en esa mujer. Por eso pidió permiso para internarla en el hospital de Duke University. Y allí salió a la luz la verdadera historia. Sus problemas habían comenzado al recibir una carta de su esposo, en la cual él le decía que se había enamorado de otra mujer. Era él, no ella, el que quería iniciar el juicio de divorcio. Su grave ansiedad sin resolver había ocasionado los síntomas físicos de su parálisis.

Eddie Lieberman trató de ayudarla, pero ella estaba tan enredada en su fracaso matrimonial que no estaba dispuesta a colaborar. Podría haber sido una mujer jovial y vivaz de treinta y tantos años. En cambio era una paralítica taciturna con rumbo a una muerte prematura. El culpable: la preocupación.

Cuando la preocupación está fuera de control, suceden cosas malas. Y comienzan a experimentarse síntomas físicos y mentales como los siguientes:

- Angustiosa intranquilidad.
- Tensión muscular y dolores de cabeza.
- Dificultad para tener una perspectiva "realista".
- Nerviosismo e irritabilidad.
- Palpitaciones, sudoración, temblor y náuseas.
- Excesivo cansancio.
- Imposibilidad de conciliar el sueño.

Ser consciente de la preocupación drena el gozo de tu vida. Socava tu confianza e interfiere en tus relaciones personales. La calidad de tu trabajo se ve afectada. Te sientes deprimido, triste, distraído, frustrado. Pierdes tu vitalidad y tu vigor. La preocupación puede llegar a controlar tanto a una persona, que puede ocasionar un deterioro físico y mental.

¿Por qué los directores ejecutivos de las empresas tienen la tasa más alta de muerte por enfermedades del corazón, úlceras duodenales, suicidio e infarto cerebral? La preocupación es el mayor culpable.

Como lo expresa un destacado doctor en medicina: "Los hombres y las mujeres de negocios que no saben cómo luchar contra la preocupación mueren jóvenes".

Los expertos concuerdan en los nexos que vinculan la preocupación a las enfermedades del corazón, la hipertensión y el cáncer. Pero no termina todo allí.

Susan Barr y Jerilynn Prior de la Universidad de British Columbia en Vancouver, Canadá, entrevistaron a cincuenta y una muchachas preadolescentes preocupadas por su peso. Después midieron el contenido mineral de los huesos de aquellas muchachas mediante una radiografía de baja radiación. Y se sorprendieron al descubrir que la preocupación por el peso estaba ligada directamente a la densidad de los huesos. Cuanto mayor era la preocupación, mayor era la probabilidad de que menguara la densidad de los huesos y aumentara el riesgo de osteoporosis.

La preocupación es un enemigo engañoso y mortal. Produce infelicidad y enfermedad. Y a menos que se haga algo, se convertirá en una prisión de la cual no se podrá escapar.

2

DÓNDE BUSCAR AYUDA

L a primera pregunta que se hacen muchas personas cuando comienzan a tener preocupaciones es: "¿Necesito ver a un médico?".

La preocupación *puede* ser el síntoma de una condición subyacente que necesita alguna forma de intervención médica (por ejemplo, la esquizofrenia, el síndrome bipolar, el trastorno depresivo o la depresión clínica). Y algunos tipos de depresión *pueden* tener raíces profundas que se pueden tratar más fácilmente con la ayuda de un consejero o psiquiatra calificado.

Pero *la mayoría* de las personas que tienen preocupaciones —y esto incluye a muchos cuyos síntomas médicos se califican de neurosis, depresión y ataques de pánico— se preocupa solo como resultado de luchar infructuosamente con las presiones y adversidades de la vida.

Como es de esperar, se ha desarrollado una industria multimillonaria que ofrece ayuda para hacerle frente a la vida. Ve a la Internet y encontrarás una variedad sorprendente de terapias psiquiátricas. Ve a la farmacia y encontrarás una infinidad de productos farmacéuticos e incluso muchas variedades de antidepresivos.

Piensa qué te dicen estas soluciones.

Un psiquiatra es una especie de mecánico de la mente. Cuando tú consultas a un psiquiatra, estás diciendo que hay algo que anda mal en tu mente, o algún defecto o inconsistencia oculta, la cual el psiquiatra puede descubrir y resolver, o al menos tratar. Un producto farmacéutico es una sustancia química. Cuando lo tomas, estás diciendo que tienes alguna especie de desequilibrio metabólico que esperas poder subsanar, o que deseas suprimir esa parte de tu función mental por la cual estás experimentando ansiedad.

Después de mi crisis nerviosa a los veinticuatro años, rechacé ambos diagnósticos. No acepté que pudiera tener algún tipo de daño o deficiencia mental. Ni acepté que pudiera tratar con el estrés mediante una alteración de la química de mi cerebro. En cambio, preferí acudir al Nuevo Testamento.

En la Biblia, encontrarás un análisis completamente diferente de la preocupación y también una solución completamente diferente.

Los eruditos del griego del Nuevo Testamento han traducido correctamente el verbo griego que significa "preocuparse" con las palabras "pensar", "estar ansioso" y "tener cuidado". Y el verbo griego *merimnaō* deriva de dos palabras: *merizō*, que significa "dividir", y *nous*, que significa "mente" (un término que hace referencia a las facultades de percibir, entender, sentir, juzgar y determinar).

Por lo tanto, conforme a la manera de pensar del Nuevo Testamento, preocupación implica "una mente dividida" que carece de unidad de pensamiento o acción. Parte de ti empuja hacia una dirección, y la otra parte tira hacia otra dirección. Eres como un remolque con automóviles tirando de cada lado.

Con razón el apóstol Santiago concluye: "El hombre de doble ánimo es inconstante en todos sus caminos" (Stg. 1:8). Cuando te preocupas, expresas un conflicto de propósitos. *Inconstante* capta muy bien la idea. Cuando te dejas vencer por la preocupación, te vuelves inconstante en tus emociones. Inconstante en la manera de procesar tus pensamientos. Inconstante en tus decisiones. Inconstante en tus juicios.

- La preocupación divide tus *sentimientos*: provoca que tus emociones sean irregulares y cambiantes.

- La preocupación divide tus *opiniones*: hace que tus convicciones pierdan su base, debilita tu seguridad en ti mismo.
- La preocupación divide tus *percepciones*: por eso estás distraído y a menudo no logras ver con claridad la situación que estás confrontando.
- La preocupación divide tus *juicios*: hace que tus decisiones sean malas y poco confiables.
- La preocupación divide tu *voluntad*: produce el letargo y atrofia tu capacidad de ir en busca de tus metas con confianza.

La preocupación produce angustia, frustración, malentendidos, desconfianza, relaciones resquebrajadas y mucha infelicidad. Si la dejas por un tiempo prolongado, esta división mental llega a ser tan grave que ya no puedes reunir la energía necesaria para enfrentarte a tus problemas. Entonces sufres una crisis nerviosa o desarrollas los síntomas de un trastorno mental más grave.

¿Tienes una mente dividida?

Analiza la clase de problemas personales que hacen que las personas se preocupen. Tarde o temprano podrás ver la división mental que hay por detrás.

Por ejemplo, el fracaso matrimonial revela la pérdida de una fidelidad sin doblez en una relación. El amor del esposo podría llegar a dividirse entre su esposa y otra mujer. Podría ser que la fidelidad de una esposa se divida entre su esposo y su madre. La voluntad y la atención de un padre podría dividirse entre las responsabilidades para con sus hijos y las responsabilidades para con su esposa. El asalariado podría dividir su mente entre las necesidades de la familia y la imperiosa ambición de triunfar en una profesión.

Una mente dividida puede afectar a los niños. Yo me crié en un hogar de pastores y sé cuán intensas pueden ser las presiones. Si eres el "hijo ejemplar", los otros padres te muestran como ejemplo para estimular a sus propios hijos; motivo por el cual los otros niños te detestan. Por otro lado, si tienes la tendencia natural a la travesura, te ganas la aprobación de tus amigos, pero la ira de tus padres.

Uno de mis hermanos era tan susceptible por ser hijo de un pastor, que buscaba deliberadamente obtener malas calificaciones en la escuela para que sus amigos no pensaran que era un "santurrón". Tenía un cerebro brillante; un hecho que más tarde quedó demostrado por sus expedientes académicos universitarios. Finalmente se graduó con honores en la carrera de Ingeniería Electrónica en una de las universidades líderes de la nación. En 1971 fue galardonado con el premio L. A. Hyland por sus logros científicos. Dirigió el grupo que ideó y puso en marcha el satélite de comunicaciones Syncom. Mucho del trabajo hecho para fabricar los componentes de detección y comunicación de los aviones de Control y Vigilancia aérea [o AWACS, en inglés] tuvo lugar bajo su liderazgo. Pero mientras estuvo en la escuela secundaria, permitió que la preocupación arruinara su desempeño académico.

En muchos casos, el resultado de la preocupación revela un daño mucho más grande. Difícilmente pase un día sin que escuchemos de niños que fracasan en la escuela porque están enfrentando problemas muy difíciles en el hogar. La desatención que padecen los distrae del estudio. A veces los padres divorciados terminan por forzar a sus hijos a tomar una dolorosa decisión emocional. Cuando los hijos sienten una falta de atención en el hogar, a menudo crean problemas en la escuela. De este modo, están buscando la atención y el cariño que sus padres les niegan.

Observa también el mundo de los negocios. Solo el Señor sabe cuántas empresas han sido arruinadas por una mente dividida. A finales de los años veinte, un inmigrante europeo indocto comenzó con un puesto de perritos calientes. Su negocio creció. Y al poco tiempo, era dueño de una cadena de puestos. Sus ingresos aumentaron en una época en que el desempleo había llegado al veinticinco por ciento. Además envió a su hijo a la universidad, donde se graduó en la carrera de Administración de Empresas.

Luego el hijo le dijo: "Sabes, papá, estamos en una depresión económica. Los negocios andan mal en todos lados. Muchas empresas se han declarado en bancarrota. Debemos tener cuidado. Es mejor que reduzcamos nuestro inventario y nuestro presupuesto de publicidad, que despidamos a algunos trabajadores y nos ajustemos los cinturones".

En contra de su mejor juicio, el padre escuchó a su hijo "culto" y siguió sus consejos. Sí, adivinaste. El hijo logró dividir la mente de su padre entre la confianza en los principios probados del éxito y el rotundo temor a la bancarrota. Al poco tiempo, su negocio quebró. Peor aún, deprimido por el revés económico, el padre perdió su vitalidad, su ímpetu y su optimismo, y comenzó a desmejorarse físicamente.

Uno de los hombres más amargados y cínicos que he conocido estaba lleno de aptitudes. Tenía más capacidad que seis de sus semejantes. Pudo haber sido un destacado dibujante de caricaturas, un excelente fotógrafo, un orador público altamente remunerado, un humorista, un agente inmobiliario próspero, el administrador de un hotel de primera categoría o un escritor famoso. Pero no tuvo ningún logro meritorio, ni siquiera se pudo ganar la vida dignamente. Y llegó a ser la vergüenza de su familia y sus amigos.

Veía que otros hombres sin una mínima parte de su capacidad llegaban a la cumbre del éxito, mientras que él nunca alcanzaba su máximo potencial. Aquellos que lo conocían y lo amaban veían que su mente estaba dividida. Nunca se decidía por una carrera profesional. No podía decir como el apóstol Pablo: "…una cosa hago…" (Fil. 3:13). Nunca ponía todas sus energías en un solo proyecto. Sin un objetivo determinado, no conseguía nada y después se quejaba.

Qué desperdicio. Se volvió crítico de los éxitos de los demás. Racionalizaba sus fracasos y desperdigaba tristeza entre sus allegados. La preocupación, fruto de sus indecisiones, lo despojó de su influencia y finalmente de su salud.

¿Qué vas a hacer tú al respecto?

La preocupación es endémica.

Se infiltra en los negocios y los destruye. Atraviesa las casas como un tornado y deja tras de sí relaciones familiares totalmente desechas: padres amargados y frustrados, e hijos inseguros y emocionalmente heridos. Lleva a algunos a gastar fortunas en psicoanálisis y a otros a necesitar atención psiquiátrica.

En los Estados Unidos, y probablemente en muchos otros países también, la preocupación se ha convertido prácticamente en parte de la cultura. En innumerables lápidas de todo el mundo, se podría escribir el siguiente epitafio:

Afanado
Preocupado
Sepultado

La mayoría de los que tienen preocupaciones podría tener la esperanza de un futuro en el que sus preocupaciones se acaben. Pero esto sigue siendo un sueño. Los sucesos que las personas piensan que podrían transformar sus vidas y dispersar sus preocupaciones —por ejemplo, ganar la lotería— en realidad los fuerzan a intercambiar un conjunto de preocupaciones por otro. Es ingenuo pensar que el mundo que nos rodea de repente se pueda transformar en paz y felicidad. De igual modo, sería ingenuo pensar que un trabajo nuevo o una relación nueva nos ayuden a superar nuestros problemas. No es así.

Si en este momento tienes preocupaciones, te puedo garantizar que dentro de cinco años seguirás teniendo preocupaciones; aunque llegues a ser extraordinariamente rico o te hayas casado con una celebridad de talla mundial. Nada dentro de ti cambiará. Y ¿por qué habrías de esperar un resultado diferente cuando día tras día sigues haciendo lo mismo que antes?

Sé por propia experiencia que hay una —y *solo* una— respuesta segura a la preocupación. Pero antes de abordar este asunto, quiero que repasemos brevemente algunas otras opciones que eligen las personas que tienen preocupaciones, y explicar por qué nunca dan resultado.

3

SIETE COSAS QUE DEBES EVITAR

La preocupación necesita una solución integral y a largo plazo. Para vencer, debes tratar con el problema de raíz. Todo lo demás es pérdida de tiempo.

Sin embargo, es asombroso cómo muchas personas eligen la opción que tienen más a mano y la más fácil.

Los intimidados eligen la adulación

Adulas a otros para evitar que te lastimen. Por eso, las personas que tienen un ego frágil y se sienten débiles en presencia de los demás a menudo usan la adulación como un medio de autoprotección.

Esto funciona como un soborno. Para que te respondan amablemente, les dices a los demás lo que piensas que ellos quieren escuchar, con la esperanza de que esto neutralice cualquier potencial de animosidad que puedan albergar hacia ti.

Sin embargo, la adulación no es nada más que un juego psicológico. Si tú realmente le disgustas a otra persona, la adulación no logrará mantener la animosidad acorralada por mucho tiempo. Y si no hay animosidad, entonces estás sembrando semillas de tu propia desdicha. ¿Cómo es posible que pretendamos obtener una buena opinión duradera de los demás mediante mentiras?

La falta de sinceridad se nota. En consecuencia, alguien que de otro modo podría haber pensado bien de ti caerá en la sospecha y el resentimiento. La preocupación recibe su propia recompensa.

No es de sorprenderse que la Palabra de Dios denuncie la adulación más de treinta veces. Job dice: "El que denuncia lisonjas a sus prójimos, los ojos de sus hijos desfallezcan" (Job 17:5 RVA). Y: "No favoreceré a nadie ni halagaré a ninguno; yo no sé adular a nadie; si lo hiciera, mi Creador me castigaría" (Job 32:21-22 NVI).

El salmista habla de la maldad y la necedad de la adulación en el Salmo 5:9 "Porque en la boca de ellos no hay sinceridad… Con su lengua hablan lisonjas". Y también: "Habla mentira cada uno con su prójimo; hablan con labios lisonjeros, y con doblez de corazón" (Sal. 12:2).

El hombre más sabio de toda la historia, Salomón, nos exhorta: "El que descubre el secreto, en chismes anda: No te entrometas, pues, con el que lisonjea con sus labios" (Pr. 20:19 RVA). Y: "La lengua falsa atormenta al que ha lastimado, y la boca lisonjera hace resbalar" (Pr. 26:28).

El resentido comienza a criticar

Criticar a otros parece mitigar la preocupación, al menos momentáneamente.

Primero, cuando criticamos nos sentimos bien. Sentimos como si tuviéramos autoridad moral; como si estuviéramos en una posición de superioridad con respecto a los demás.

Segundo, cuando criticamos proyectamos nuestra desdicha hacia otros. Si todos los demás también son desdichados, nos sentimos menos expuestos. Además, nos ayuda a no pensar tanto en nuestros problemas, al menos por un breve período.

Tercero, cuando criticamos creamos la ilusión de que hemos superado aquello que nos preocupa, pues estamos condenando lo mismo en los demás.

Por supuesto, la crítica solo trae un alivio momentáneo. Por desdicha, esta además trae a nuestra mente más pensamientos negativos, y la calamidad que inevitablemente producen los pensamientos negativos solo agrava nuestra preocupación e intensifica nuestros sentimientos de depresión.

La Biblia nos dice que para los corrompidos, todas las cosas están corrompidas (Tit. 1:15). De igual modo, para el deshonesto, todas las cosas son deshonestas. Y para el falso, todas las cosas son falsas. Cuando aquel que tiene preocupaciones critica a otros, no resuelve ninguna de sus preocupaciones. En cambio, enfoca su atención en la característica lamentable que ve en los demás, lo cual refleja su propia condición.

Por lo tanto, abstraído con el patrón de pensamiento destructivo y negativo, el preocupado sigue agregando suministros a su excesivo abastecimiento de temores. Además, la crítica no obtiene aprobación. Como nos dice un proverbio: "Lo que Pedro dice de Pablo, dice más de Pedro que lo que dice de Pablo".

El Pablo del Nuevo Testamento dice: "Por lo cual eres inexcusable, oh hombre, quienquiera que seas tú que juzgas; pues en lo que juzgas a otro, te condenas a ti mismo; porque tú que juzgas haces lo mismo" (Ro. 2:1).

Aquel que tiene preocupaciones no logra darse cuenta de que, al criticar a los demás, revela al mundo el mismo problema que está tratando de ocultar.

Aquellos que niegan su situación a menudo entierran su cabeza en el trabajo

Otra respuesta inútil a la preocupación es dedicarse excesivamente a una actividad.

El trabajo subyuga la atención al evitar que la mente se llene de pensamientos dolorosos. Pero no tiene el poder de aliviar el dolor. Cuando terminas tu turno o regresas a tu casa de la oficina, tus problemas siguen esperando por ti. Y desdichadamente, ahora tienes menos energía que antes para tratar de resolverlos.

La actividad frenética solo pospone tu cita con la preocupación. Y no podrás desempeñarte bien en el trabajo, mientras tus preocupaciones sigan subsistiendo. Las personas que se esfuerzan por esconder sus preocupaciones suelen dar la apariencia de estar ocupados. Pero lo cierto es que no logran alcanzar nada sustancial.

Un asombroso número de personas en puestos de responsabilidad trabajan incansablemente en un esfuerzo por eliminar la preocupación. Estos son los que personifican la bienaventuranza del presente: "Bienaventurados aquellos que le dan vueltas a un asunto una y otra vez, porque serán llamados tiovivos". Pero la actividad frenética, motivada más por el deseo de escapar que por el ávido deseo de producir, no resuelve nada. Puede desviar momentáneamente los pensamientos de aquello que produce temor; pero a la larga solo multiplica los problemas y, por lo tanto, intensifica la misma condición que la persona preocupada quiere resolver.

Jesús nunca asoció el trabajo con el alivio de la preocupación. Él les dijo a sus discípulos: "...Venid vosotros aparte a un lugar desierto, y descansad un poco..." (Mr. 6:31).

Los inseguros buscan conmiseración

Otra estrategia ineficaz contra la preocupación es rendirnos ante ella y mostrar nuestra lucha contra ella como una especie de heroísmo. Pero no hay nada heroico en darnos por vencidos ante algo que consideramos inevitable. Sin embargo, escucharás que hay individuos que hablan como si las preocupaciones fueran medallas ganadas en el fragor de la batalla. Estos afirman: "Mi cruz es pesada, pero estoy decidido a cargarla valientemente". Esto es algo que linda con la blasfemia, pues cada vez que aparece la instrucción bíblica: "Toma tu cruz", se refiere a la muerte al pecado y la muerte al yo: la antítesis exacta de tolerar la preocupación.

La Biblia nunca se refiere a ningún problema, aflicción o dilema como una cruz, ni pondera a los que tienen preocupaciones como si fueran llamados a alguna clase de servicio especial. La persona que *realmente* toma su cruz no conoce la preocupación. Ha muerto al pecado y al yo. Por lo tanto, se resguarda de los temores destructivos. Y tiene paz porque de manera firme su mente está puesta en Cristo.

Jesús nunca se quejó del peso de su cruz. Y sin embargo su cruz, un instrumento real de muerte, no solo una metáfora, le impuso un sufrimiento físico que ninguno de nosotros podría soportar con semejante gracia.

Al seguir su ejemplo, los discípulos de nuestro Señor salieron "...gozosos de haber sido tenidos por dignos de padecer afrenta por causa del Nombre" (Hch. 5:41). Por el contrario, las personas que responden a la preocupación, el temor y la ansiedad con una resignación farisaica dicen una cosa, pero viven otra. Solo se engañan a sí mismas. Aunque afirman darle la gloria a Dios, sus rostros muestran desesperación y desaliento.

Su inspiración bíblica no es Jesús; sino Jonás, que sumido en la melancolía fuera de Nínive dijo: "Ahora pues, oh Jehová, te ruego que me quites la vida; porque mejor me es la muerte que la vida" (Jon. 4:3). O Elías que al huir de Jezabel dijo: "…Basta ya, oh Jehová, quítame la vida, pues no soy yo mejor que mis padres" (1 R. 19:4). (Siempre me río cuando leo ese pasaje. Si Elías se hubiera quedado en la ciudad de Jezabel, ¡ella alegremente le hubiera concedido su petición!).

No confundas la queja con el heroísmo espiritual. Llámala por sus nombres: cobardía y perniciosa autocompasión. En vez de afrontar el problema sin rodeos al renovar el patrón de pensamientos y tomar medidas correctivas, la persona que tiene preocupaciones se sienta y se lamenta.

El temeroso cae a veces en el abuso de drogas

El alcohol, los cigarrillos y los narcóticos llevan a la persona preocupada al mismo callejón sin salida. ¿Quién puede calcular el daño hecho por las películas y series de televisión que personifican al amante no correspondido que va a la barra de un bar para tomar un trago y olvidar sus penas? Cuando llegan los problemas, hay demasiadas personas que buscan consuelo en alguna clase de droga. Creer que una borrachera desenfrenada produce una vía de escape tiene resultados perniciosos. Los japoneses dicen: "Un hombre toma un trago, luego el trago toma un trago, y el próximo trago toma al hombre".

Salomón, el sabio de todos los tiempos, habla sabiamente cuando dice: "¿Para quién será el ay? ¿Para quién el dolor? ¿Para quién las rencillas? ¿Para quién las quejas? ¿Para quién las heridas en balde? ¿Para quién lo amoratado de los ojos? Para los que se detienen mucho en el vino, para los que van buscando la mistura" (Pr. 23:29-30).

También es cierto que "el vino es escarnecedor, la sidra alborotadora, y cualquiera que por ellos yerra no es sabio" (Pr. 20:1). Tres milenios más tarde, lo único que ha cambiado es la variedad de productos químicos a nuestra disposición. El alcohol ahora viene en cientos de envases diferentes. Y la nicotina también. Si eso falla, podemos obtener cualquier cantidad de narcóticos más poderosos, ya sean legales o no.

Todos tienen el mismo efecto. La euforia momentánea desvía la mente de los pensamientos que producen temor. Después, aquel que sufre, sin más, cae en la misma depresión que se encontraba al principio; en muchos casos, con el añadido de un agudo dolor de cabeza. Este patrón de conducta solo ignora el problema y finalmente incrementa el dolor.

El resuelto podría pensar positivamente

Ahora bien, pensar positivamente es bueno, hasta cierto punto. Es verdad que una persona no puede tener pensamientos positivos y pensamientos que producen temor al mismo tiempo. La pregunta es si pensar positivamente nos da el "incentivo" que necesitamos para seguir adelante. Una cosa es *saber* lo que deberíamos hacer. Otra cosa es *tener la capacidad* de hacerlo.

El mismo dilema surge con la ley del Antiguo Testamento. Los diez mandamientos han mostrado a la humanidad qué debe ser y qué debe hacer. Pero nadie —solo el Señor Jesucristo— ha podido cumplirlos cabalmente. Puede que las personas lean el libro de los mandamientos, pero no vivan conforme a estos.

Sinceramente, creo en el poder del pensamiento positivo. Sin embargo, debe entenderse que solo Dios es la fuente de todo pensamiento positivo. Pablo dice en 2 Timoteo 1:7: "Porque no nos ha dado Dios espíritu de cobardía, sino de poder, de amor y de dominio propio".

El pensamiento positivo resultará falso si nos engaña y nos hace pensar que —en nuestras fuerzas y por nuestros propios medios— podemos efectuar el cambio de actitud mental que necesitamos para expulsar el temor. Tratar de vencer la preocupación con una actitud positiva inspirada y producida por nosotros mismos sería igual que tratar de dispararle a un león africano con una pistola de agua.

El pensamiento positivo necesita de Dios. Por ello este libro se refiere a esto, solo en el contexto de una relación con Dios. De otra manera, el pensamiento positivo es tan inútil como cualquier otra presunta solución a la preocupación.

No experimentarás paz a menos que estés dispuesto a acudir adecuadamente al Señor Jesucristo, que es el Príncipe de Paz. Separados de esa ayuda divina, no podemos lograr y mantener una adecuada actitud mental. Si te convences de que puedes vencer la preocupación por tu cuenta, simplemente mediante la técnica mental correcta, te condenarás a ti mismo al fracaso y la frustración.

Los que se sienten atrapados buscan una salida "fácil"

Uno de los artículos más conmovedores que alguna vez he leído apareció en la portada de la edición del 21 de mayo de 1931 del periódico *The New York Times*. El artículo versaba sobre el suicidio de Ralph Barton. Él era un destacado dibujante de historietas, uno de los mejores de la nación. Era extraordinariamente talentoso no solo como artista, sino también como escritor. Sin embargo, su vida terminó trágicamente por sus propias manos. En la nota que dejó al suicidarse, hablaba de la depresión que había estado sufriendo. Al parecer, sus temores casi lo vuelven loco.

Parte de su nota decía:

> La depresión me ha impedido sacar el máximo provecho de mi talento y, los últimos tres años, ha convertido mi trabajo en una total tortura. Ha hecho que me sea imposible disfrutar los simples placeres de la vida.

Siguió escribiendo:

> He ido de esposa en esposa, de casa en casa y de país en país, en un ridículo esfuerzo por escapar de mí mismo. Tengo mucho miedo de haber hecho muy infelices a aquellos que me han amado… Nada ni nadie es responsable por esto, solo yo… Lo hice porque estoy harto de inventar cosas para poder atravesar las veinticuatro horas del día, y de tratar de encontrar algo de interés que me ayude a resistir algunos meses más de tanto en tanto…

Pobre hombre. ¡Era un genio! Qué trágico que una vida como la de él, llena de grandes posibilidades de bendecir a esta generación en la voluntad de Dios, tuviera que terminar en semejante tragedia. La nota deja ver claramente la huella de las soluciones fallidas. Él podría haber vencido la preocupación, pero nunca encontró la manera de hacerlo.

La Asociación Norteamericana de Suicidiología recientemente hizo hincapié en la relación entre el suicidio y la economía; o mejor dicho, la falta de relación. Los índices de suicidio no han mostrado una clara asociación con los tiempos de recesión económica (las afirmaciones de que en 1929 los millonarios arruinados saltaban de las cornisas de los rascacielos es en su mayoría un mito).

Sin embargo, existe una clara relación entre el suicidio y el desempleo. A principios de 2009, las líneas de asistencia al suicida en varios de los estados norteamericanos reportaron un incremento tan significativo en el número de llamadas, que hizo que la Organización Mundial de la Salud advirtiera que muchas naciones podrían ver un aumento en los índices de suicidio.

El suicidio es la última manera más desesperada y egoísta de resolver la preocupación. Y no termina con ella; simplemente la transfiere a los amigos y seres amados que quedan.

4

LA RESPUESTA A LA
PREOCUPACIÓN

Por qué nos preocupamos?

Es posible que respondas que es la propia naturaleza humana. Desde que tenemos fuente histórica, las personas siempre se han preocupado. ¿Quién puede evitarlo?

He escuchado a personas decir: "Simplemente soy así. Mi madre y mi padre eran personas que se preocupaban. Así que yo tampoco puedo dejar de preocuparme. Está en los genes".

Sin embargo, por mucho que lo intentes, no puedes atribuirle la culpa de tus preocupaciones a una condición genética; ya sea la que forma parte de tu composición genética en particular o la que afecta a toda la raza humana.

Un demócrata del sur le preguntó a un hombre de Vermont:

—¿Por qué eres republicano?

—Mi padre es republicano, mi abuelo era republicano, por lo tanto, yo soy republicano —respondió el hombre de Vermont.

—Supongamos que tu padre sea un necio, y tu abuelo haya sido un necio. Entonces, ¿qué serías tú? —dijo el sureño.

—Oh —respondió el hombre—, en ese caso sería un demócrata.

Así como sería completamente ilógico adjudicar tus convicciones políticas a tus genes, también lo es adjudicar tu preocupación a tus genes. No puedes excusar ninguna de las dos cosas como un estado mental incontrolable.

Según la Biblia, hay una explicación mucho más simple.

De dónde viene la preocupación

Si alguien caminara hacia ti y te apuntara al pecho con una pistola, tu cuerpo reaccionaría.

Tu ritmo cardíaco se aceleraría. Tu organismo comenzaría a producir adrenalina. Empezarías a sudar. Y tu mente se concentraría fuertemente en hacer cualquier cosa para evitar que el asaltante apretase el gatillo.

Todas estas son respuestas naturales y, en gran medida, involuntarias. Dios ha hecho a ti y a tu cuerpo capaces de responder a emergencias y entrar en un estado de vigilancia y alerta. Y desde luego, no hace falta que nos roben a punta de pistola para producir esta clase de reacción. Cada día enfrentas experiencias a las que tu cuerpo responde y se prepara para la acción. A veces esto ayuda, y otras veces, no.

Pero la preocupación nunca logra nada positivo. No resuelve ninguna crisis.

La preocupación opera en tu mente. La preocupación es un estado mental que responde al estímulo del temor o percibe el estímulo como temor cuando en realidad no lo es. Y es un estado mental al cual le das tu consentimiento, ya sea de manera activa o pasiva. De alguna forma, en cierto momento has *decidido* "soltar el timón" y rendirte a la preocupación.

Aquí nos enfrentamos al meollo del asunto. La mayoría de los individuos que se preocupan dice: "Mi preocupación es una aflicción. Merezco conmiseración". La Biblia responde: "La preocupación es pecado".

La preocupación es un pecado por tres razones:

La preocupación es un pecado porque los que se preocupan no confían en Dios

Cuando tú te preocupas, acusas a Dios de mentiroso.

La Palabra de Dios dice: "Y sabemos que a los que aman a Dios, todas las cosas les ayudan a bien, esto es, a los que conforme a su propósito son llamados" (Ro. 8:28). Sin embargo, la preocupación dice: "¡Eso no es verdad, no se puede confiar en la Palabra de Dios!".

La Palabra de Dios dice: "…[Jesús] bien lo ha hecho todo…" (Mr. 7:37). Sin embargo, la preocupación dice: "¡Eso no es verdad, no se puede confiar en la Palabra de Dios!".

La Palabra de Dios dice: "Todo lo puedo en Cristo que me fortalece" (Fil. 4:13). Sin embargo, la preocupación dice: "¡Eso no es verdad, no se puede confiar en la Palabra de Dios!".

La Palabra de Dios dice: "Mi Dios, pues, suplirá todo lo que os falta conforme a sus riquezas en gloria en Cristo Jesús" (Fil. 4:19). Sin embargo, la preocupación dice: "¡Eso no es verdad, no se puede confiar en la Palabra de Dios!".

La Palabra de Dios dice: "…No te desampararé, ni te dejaré" (He. 13:5). Sin embargo, la preocupación dice: "¡Eso no es verdad, no se puede confiar en la Palabra de Dios!".

La Palabra de Dios dice: "Echando toda vuestra ansiedad sobre él, porque él tiene cuidado de vosotros" (1 P. 5:7). Sin embargo, la preocupación dice: "¡Eso no es verdad, no se puede confiar en la Palabra de Dios!".

La Palabra de Dios dice: "…No os afanéis por vuestra vida, qué habéis de comer o qué habéis de beber; ni por vuestro cuerpo, qué habéis de vestir… vuestro Padre celestial sabe que tenéis necesidad de todas estas cosas" (Mt. 6:25, 32). Sin embargo, la preocupación dice: "¡Eso no es verdad, no se puede confiar en la Palabra de Dios!".

La preocupación está cubierta de una máscara de hipocresía, pues profesa tener fe en Dios y al mismo tiempo agrede la verdad de sus promesas.

Es un insulto decirle a un hombre sincero que es mentiroso. ¡Cuánto muchísimo menos excusable es acusar la soberanía de Dios de ser un engaño! Las Escrituras afirman que el Señor, por su propia naturaleza, no puede engañar. Como cristianos, vivimos "en la esperanza de la vida eterna, la cual Dios, que no miente, prometió desde antes del principio de los siglos" (Tit. 1:2). En consecuencia, "…el que no cree a Dios, le ha hecho mentiroso…" (1 Jn. 5:10).

La preocupación es un pecado porque daña el templo de Dios

Imagínate que una noche oscura, un grupo de vándalos irrumpe violentamente en tu iglesia y hace añicos las ventanas, hace pedazos la alfombra, destroza los muebles, arruina los instrumentos musicales, pinta grafitis en las paredes y saquea las salas de la escuela dominical.

¿Qué harías?

Casi seguro, reaccionarías con una ira justificada. Si atraparan a los intrusos, tú los demandarías para que fueran juzgados con todo el rigor de la ley, la cual penaliza duramente la destrucción de propiedad. El vandalismo es costoso, derrochador y destructivo, y estamos en nuestro derecho de condenarlo.

Pero compara este vandalismo del edificio de una iglesia con lo que la ansiedad hace a la salud de tu cuerpo. Con toda probabilidad, los vándalos no profesaban ser cristianos. Sin embargo, muchos de aquellos que se preocupan sí lo profesan. Además, no hay ningún valor eterno en el edificio de una iglesia. Es verdad que simboliza la adoración y la obra de la Palabra de Dios. Pero si el edificio de una iglesia es destruido, el pueblo de Dios no sufre daño alguno. Dios no habita en el santuario; Él habita en el corazón de aquellos que allí adoran.

1 Corintios 3:16: "¿No sabéis que sois templo de Dios, y que el Espíritu de Dios mora en vosotros?".

1 Corintios 6:19: "¿O ignoráis que vuestro cuerpo es templo del Espíritu Santo, el cual está en vosotros, el cual tenéis de Dios, y que no sois vuestros?".

1 Pedro 2:5: "Vosotros también, como piedras vivas, sed edificados como casa espiritual y sacerdocio santo, para ofrecer sacrificios espirituales aceptables a Dios por medio de Jesucristo".

Gálatas 4:6: "Y por cuanto sois hijos, Dios envió a vuestros corazones el Espíritu de su Hijo, el cual clama: ¡Abba, Padre!".

Si eres cristiano, recuerda que la preocupación daña e incluso destruye el templo de Dios, que es tu cuerpo.

En el primer capítulo, mencioné la relación, ahora bien establecida, que hay entre la preocupación y la enfermedad. Piensa otra vez en la amplia gama de maneras en que la preocupación afecta a tu salud física y mental: la ansiedad produce problemas de corazón, presión alta, asma, reumatismo, úlceras y otros trastornos estomacales, gripe, mal funcionamiento de la tiroides, artritis, migrañas, ceguera, palpitaciones, dolores de cuello y de espalda, indigestión, náusea, estreñimiento, diarrea, mareos, fatiga, insomnio, alergias y mucho más.

En conclusión, la preocupación daña tu cuerpo más de lo que cualquier vándalo podría dañar tu iglesia.

La preocupación es un pecado porque daña las relaciones

Cuando tú te preocupas, no es solo tu cuerpo el que sufre. De diferentes maneras, la preocupación infecta y degrada tu capacidad de relacionarte con los demás.

1. La preocupación daña tu relación con Dios

La preocupación es un pecado porque es síntoma de la falta de oración. "Así que, lejos sea de mí que peque yo contra Jehová cesando de rogar por vosotros…" (1 S. 12:23).

Nadie puede orar y preocuparse al mismo tiempo, como dice de Dios Isaías: "Tú guardarás en completa paz a aquel cuyo pensamiento en ti persevera; porque en ti ha confiado" (Is. 26:3). Cuando oras, tu mente está puesta en Cristo, y tienes la seguridad de que te guardará en paz. Por lo tanto, la preocupación desaparece.

2. La preocupación daña tu relación con tu familia

Pablo escribió a los efesios: "Las casadas estén sujetas a sus propios maridos, como al Señor… Maridos, amad a vuestras mujeres, así como Cristo amó a la iglesia, y se entregó a sí mismo por ella… Por lo demás, cada uno de vosotros ame también a su mujer como a sí mismo; y la mujer respete a su marido" (Ef. 5:22, 25, 33). Cuando la preocupación toma el control de tu vida, terminas violando y desobedeciendo estas instrucciones del libro de Efesios.

3. La preocupación daña tu relación con los incrédulos

¿Sabías que la preocupación empaña tu testimonio cristiano? En Mateo 5:16, Jesús dice: "Así alumbre vuestra luz delante de los hombres, para que vean vuestras buenas obras, y glorifiquen a vuestro Padre que está en los cielos". ¿Quién quisiera asistir a una iglesia llena de personas que se preocupan?

Alguien podría decir: "Oh, sí, Dr. Haggai, todo lo que usted dice con tanta certeza y presunción está bien. Después de todo, usted es un ministro ordenado. Pero ¿qué sabe usted de la preocupación?".

Bueno, déjame recordarte cómo comencé. Yo también me distinguí por haber padecido una presunta crisis nerviosa. Digo presunta, porque estamos equivocados si creemos que tales crisis se originan en el sistema nervioso. La mayoría de las crisis nerviosas no es de naturaleza orgánica; sino más bien tienen relación directa con la presión de las circunstancias. Surgen cuando permitimos que nuestra vida pierda el control.

Al enfatizar que la preocupación es un pecado, no quiero decir que deberías agregar "Dios está enojado conmigo" a tu lista de cosas por las que te preocupas. Antes bien, solo quiero señalar que comprender la naturaleza pecadora de la preocupación te hará libre. ¿Por qué? Porque no seguirás viendo la preocupación como una aflicción que no puedes evitar. Por lo general, no tenemos control sobre las enfermedades que nos sobrevienen. Pero *podemos* controlar si nos preocuparemos o no. La enfermedad a menudo requiere ayuda externa, mientras que la preocupación requiere ayuda interna.

Puede que te preguntes si arrepentirte de la preocupación realmente servirá de algo.

Cuando tenía veinte años, tuve un accidente en el que estuvieron implicados cuatro automóviles. Las demandas judiciales comenzaron a llegar casi inmediatamente. Tenía que encontrar ayuda con urgencia. Necesitaba los recursos del mejor abogado de accidentes del país. Se llamaba Weinstein, y sus honorarios eran naturalmente altísimos. Tan altos que yo, como estudiante de ministerio, no podía afrontar. Sin embargo, un querido amigo vino a verme. Él era el dueño de una gran compañía en Chicago. Y me dijo: "Haggai, Weinstein es nuestro abogado. Él nos asesora. Déjame darte una de mis tarjetas".

Al dorso de la tarjeta, mi amigo había escrito una nota de presentación para Weinstein. Como resultado, Weinstein me recibió y resolvió mis problemas legales. ¿Por qué? ¿Por los honorarios que yo pagué? No, en absoluto. Me recibió por los honorarios que pagó mi amigo.

El Señor Jesucristo es el Amigo que es "más unido que un hermano" (ver Pr. 18:24). Él pagó el precio que yo no podía pagar; el precio por el castigo del pecado. Pagó con su propia sangre. En su nombre y en memoria de Él, tengo acceso a Dios, el único que puede resolver mis problemas.

Por lo tanto, debes realizar un cambio voluntario: debes rechazar conscientemente la preocupación y debes procurar conscientemente vivir la vida que Dios quiere que vivas.

Lo que la Biblia dice de la preocupación

Hay muchos versículos en las Escrituras que hablan de la preocupación, pero hay dos pasajes en particular que vale la pena leerlos atentamente.

> "Regocijaos en el Señor siempre. Otra vez digo: ¡Regocijaos! Vuestra gentileza sea conocida de todos los hombres. El Señor está cerca. Por nada estéis afanosos, sino sean conocidas vuestras peticiones delante de Dios en toda oración y ruego, con acción de gracias. Y la paz de Dios, que sobrepasa todo entendimiento, guardará vuestros corazones y vuestros pensamientos en Cristo Jesús. Por lo demás, hermanos, todo lo que es verdadero, todo lo honesto, todo lo justo, todo lo puro, todo lo amable, todo lo que es de buen nombre; si hay virtud alguna, si algo digno de alabanza, en esto pensad" (Fil. 4:4-8).

J. B. Phillips traduce el mismo pasaje de la siguiente manera:

> "Deléitense en el Señor, sí, encuentren gozo en Él en todo tiempo. Gánense la reputación de ser sensatos, y nunca se olviden de la cercanía del Señor. No se preocupen por

nada; cada vez que oren, cuéntenle a Dios cada detalle de sus necesidades con acción de gracias, y la paz de Dios, que sobrepasa todo entendimiento humano, guardará sus corazones y sus pensamientos mientras descansan en Cristo Jesús. Mis hermanos, solo necesito agregar algo más. Si ustedes creen en Dios y valoran su aprobación, piensen en todo lo que es verdadero, honorable, justo, puro, amable y admirable" (Fil. 4:4-8). [Traducción literal de la versión inglesa de la Biblia de J. B. Phillips].

Ahora bien, piensa en las palabras del Señor en Mateo 6:25-34:

Por tanto os digo: No os afanéis por vuestra vida, qué habéis de comer o qué habéis de beber; ni por vuestro cuerpo, qué habéis de vestir. ¿No es la vida más que el alimento, y el cuerpo más que el vestido? Mirad las aves del cielo, que no siembran, ni siegan, ni recogen en graneros; y vuestro Padre celestial las alimenta. ¿No valéis vosotros mucho más que ellas? ¿Y quién de vosotros podrá, por mucho que se afane, añadir a su estatura un codo? [Sal. 39:5-7]. Y por el vestido, ¿por qué os afanáis? Considerad los lirios del campo, cómo crecen: no trabajan ni hilan; pero os digo, que ni aun Salomón con toda su gloria se vistió así como uno de ellos [1 R. 10:4-7]. Y si la hierba del campo que hoy es, y mañana se echa en el horno, Dios la viste así, ¿no hará mucho más a vosotros, hombres de poca fe? No os afanéis, pues, diciendo: ¿Qué comeremos, o qué beberemos, o qué vestiremos? Porque los gentiles [paganos] buscan todas estas cosas; pero vuestro Padre celestial sabe que tenéis necesidad de todas estas cosas. Mas buscad [enfocarse y esforzarse] primeramente el reino de Dios y su justicia [su manera de ser y hacer lo correcto], y todas estas cosas os serán añadidas. Así que, no os afanéis por el día de mañana, porque el día de mañana traerá su afán. Basta a cada día su propio mal.

Acostúmbrate a la cercanía de Dios

Voy a resaltar solo una frase de los versículos anteriores: "… nunca se olviden de la cercanía del Señor" (Fil. 4:5, traducción literal de la versión inglesa de la Biblia de J. B. Phillips).

Cuando era niño, era pequeño y débil, y la presa de todo bravucón en el patio de juegos de la escuela. Un día, durante las vacaciones de verano de 1934, yo estaba en Grand Rapids, Michigan, con mi primo, Alex Haddad. Lo había acompañado a la plaza Seymour para ir a comprar algunos comestibles para su madre. Casi habíamos llegado a su pequeña casa de la calle Burton, cuando pasaron tres muchachones en una camioneta y gritaron: "Haddad, sal de aquí tú y tu maldito primo antes que los aplastemos".

Inmediatamente me asusté. Pensé: *¡Uy, aquí nos aporrean!*

Me volví para mirar a Alex, y mi miedo fue disminuyendo; una calma paz lo reemplazó. De hecho, comencé a sonreír. Aquel año, Alex había sido el campeón de lucha de la división de 80 kilos de la Unión Atlética Amateur (AAU, por sus siglas en inglés). A los quince años, ya era todo un hombre. Sus bíceps eran como balas de cañón, y sus músculos pectorales, como bloques de mármol.

Extrañamente, Alex no les respondió. Yo le dije:

—Alex, no vas a dejar que se salgan con la suya, ¿verdad?

—Bueno, John, tú sabes lo que dice la Biblia: "Cualquiera que te hiera en la mejilla derecha, vuélvele también la otra".

¡Nunca había visto a Alex tan espiritual, pero yo no estaba en condiciones de objetar su decisión! Seguí caminado con él hacia la casa. Pasamos la pequeña verja, y al llegar a la puerta de entrada, me dio la otra bolsa de comestibles y me dijo: "John, llévale esto a mi mamá. Dile que me olvidé de algo; y que vuelvo en seguida".

Yo sabía exactamente qué se había olvidado Alex. Entré rápido las bolsas de comestibles a la casa y lo seguí hasta la plaza Seymour. Él supuso que los tres matones iban de camino a la heladería Miller. Llegué allí justo a tiempo para ver a Alex mientras tumbaba en seco al muchacho más grande y dejaba confundido al segundo muchacho con otro poderoso golpe, mientras el tercero huía aterrorizado.

Saqué pecho con mi figura de 1,50 m, me froté las manos y pensé: *¿Alguien más?*

¿Qué me había transformado de un pequeño niño aterrado a un muchacho calmado y sereno lleno de confianza? La respuesta es simple: Alex estaba cerca. Del mismo modo, el Señor está cerca de todos los que profesan tener fe en Él. "Vuestra gentileza sea conocida de todos los hombres. El Señor está cerca" (Fil. 4:5).

Una traducción literal de la última parte de Filipenses 4:5 muestra que falta el verbo: "El Señor cerca". No hace falta el verbo. Es una sentencia firme. Es un rayo de luz. La consciencia de la cercanía de Dios produce gran calma en medio de la tormenta y el estrés de la vida.

Tener consciencia de este hecho produce un cambio de actitud que no se puede explicar en términos humanos. A menudo es solo la diferencia principal entre un cristiano derrotado y otro victorioso. La fortuna puede haberte eludido. El éxito profesional, que has buscado afanosamente, puede haberse escapado de tus manos. El amor puede haberte traicionado. Todo esto puede ser verdad.

Pero ¡el Señor está cerca! No es una broma. Estas simples palabras nos impulsan a cumplir las instrucciones de Filipenses 4:4-8.

Cómo comprender la cercanía de Dios

Ahora bien, ¿qué significa que el Señor esté "cerca"? Los comentadores bíblicos distinguen cuatro clases de cercanía.

1. El Señor está presente

Dios está cerca de nosotros todo el tiempo. "Cercano estás tú, oh Jehová", canta el salmista (ver Sal. 119:151). Y el apóstol Pablo se hace eco de este cántico antiguo y lo proclama. El Señor está cerca, pues habita, por el Espíritu Santo, en el cristiano. Él es "Cristo en vosotros" (Col. 1:27).

2. Dios es accesible

El salmista clamaba: "Cercano está Jehová a todos los que le invocan…" (Sal. 145:18). Aquí, de nuevo, el Nuevo Testamento se hace eco del Antiguo Testamento.

Como hijos de Dios, sabemos que Él nos escucha porque nos ama. Un Señor distante nos deprimiría y entristecería. Un Salvador inaccesible no nos podría ayudar. Gracias a Dios, Cristo es accesible. "Porque no tenemos un sumo sacerdote que no pueda compadecerse de nuestras debilidades, sino uno que fue tentado en todo según nuestra semejanza, pero sin pecado. Acerquémonos, pues, confiadamente al trono de la gracia, para alcanzar misericordia y hallar gracia para el oportuno socorro" (He. 4:15-16).

3. Dios es compasivo

El Señor no es indiferente a las pruebas que tú atraviesas. El salmista afirmó esta verdad cuando cantó: "Cercano está Jehová a los quebrantados de corazón…" (Sal. 34:18). ¿Quién no ha conocido el corazón quebrantado? "Dios es… nuestro pronto auxilio en las tribulaciones" (Sal. 46:1). Ser conscientes de la compasión de Cristo nos lleva a tener confianza.

4. Dios regresará

El Señor prometió que un día regresará en las nubes del cielo con gran gloria. Creo que su venida está más cerca de lo que pensamos; sin duda, la posibilidad era muy real para los cristianos de la iglesia primitiva. El Señor mismo habló de su futuro retorno sin ambigüedades.

Jesús podría venir en cualquier momento. En el silencio y la oscuridad de la medianoche. ¡Su trompeta podría sonar de repente, y su majestuosa gloria resplandecería sobre nosotros! Nuestro amor y nuestra expectativa por su venida es el mayor incentivo a la obediencia. Cada mandato que se nos ha dado se puede cumplir más fácilmente cuando estamos motivados por la continua consciencia de la posibilidad de que Jesús podría volver hoy. "Por tanto, también vosotros estad preparados…" (Mt. 24:44).

La preparación para el retorno de Cristo debería motivarnos al desarrollo de nuestro carácter cristiano y a ser más semejantes a Él, que es nuestro gran Modelo.

La fórmula de la paz

Podría escribir cientos de páginas acerca de la cercanía de Dios. Pero no servirían de nada si no estás dispuesto a escuchar y asimilar las verdades sobre su cercanía. Esto es lo que el resto de este libro intenta hacer.

La próxima sección contiene 21 capítulos breves. En cada uno, explico cómo puedes reemplazar la preocupación por una acción precisa y definida. Al dar paso a cada una de estas acciones, decides *no* preocuparte.

Puedes resumir estas acciones en una simple fórmula para vencer la preocupación:

$$ALABANZA + CONFIANZA + ORACIÓN = PAZ$$

¿Por qué alabanza, confianza y oración?

Alabanza

Vivir consciente de la cercanía del Señor te dará la fortaleza y la predisposición de alabar aun cuando las circunstancias te abatan. Disipará las nubes del pesimismo y te llevará a la luz del sol del entusiasmo y el optimismo. No puedes vivir consciente de su cercanía y andar por ahí con cara de amargado, como si te hubieras bañado en vinagre y hiel.

Confianza

Para ti será mucho más fácil tener confianza si vives consciente de la cercanía del Señor. Por ejemplo, encontrarás que tus pensamientos son del agrado de Dios y por lo tanto son positivos. De este modo, podrás controlar la preocupación. Al vivir consciente de su cercanía, te das cuenta de que una fortaleza que no es tuya te permite ejercer el autocontrol que te lleva a tener confianza y rechazar la preocupación. "Por Jehová son ordenados los pasos del hombre…" (Sal. 37:23).

Oración

Cuando oramos no siempre sentimos la cercanía de Dios. En los tiempos difíciles, el Señor puede parecer muy lejano. Sin embargo, la Biblia nos asegura que Él está cerca: "Aunque ande en valle de sombra de muerte, no temeré mal alguno, porque tú estarás conmigo..." (Sal. 23:4). Deberíamos escuchar la Palabra de Dios, no nuestros sentimientos. El estado de nuestras emociones cambia de día en día y de hora en hora. Pero la Palabra de Dios sigue siendo fiel y verdadera. Dios está cerca de ti, no importa qué te puedan decir tus sentimientos.

Comienza ahora

Si en verdad quieres vencer la preocupación, comienza ahora mismo y haz dos cosas.

Primero, escribe la fórmula ALABANZA + CONFIANZA + ORACIÓN = PAZ con letras grandes en una tarjeta y colócala donde la veas todos los días. Pégala en el espejo donde te afeitas o ponla junto a tus maquillajes. Colócala en un lugar visible de tu oficina. Si trabajas en tu casa, colócala junto al fregadero o sobre la mesa de café. Si eres chófer, pégala al visor de tu automóvil. En cuantos más lugares coloques la fórmula, más presente la tendrás y más quedará grabada en tu consciencia.

Segundo, memoriza Filipenses 4:4-8 y repite las palabras como una afirmación cada mañana cuando te despiertes. De este modo, harás que estas palabras esenciales de Dios sean parte de tu mismo ser. No te tomará tanto tiempo. Y te consolidará en tu camino al éxito.

PARTE 2

CÓMO VENCER TUS PREOCUPACIONES

5

REGOCÍJATE

Owen Cooper de Yazoo City, Mississippi, vio cómo su casa se convertía en cenizas. Era uno de los cristianos más destacados de la nación y uno de los ciudadanos más ilustres de dicho estado. Algunos miembros de su familia apenas pudieron escapar para salvar sus vidas. El fuego se había propagado por toda la casa y había destruido casi todo lo de valor.

Poco después de este terrible incendio, el pastor de Cooper, el Dr. Harold Shirley, me contó que a la noche siguiente toda la familia asistió a la reunión de oración. En aquel servicio, Owen Cooper se levantó para dar testimonio y, con una felicidad que solo Dios puede dar, expresó su gratitud al Señor por preservar sus vidas. Hacía algunos años había aprendido la verdad de Romanos 8:28: "Y sabemos que a los que aman a Dios, todas las cosas les ayudan a bien, esto es, a los que conforme a su propósito son llamados". A pesar de aquella calamidad, el gozo interior de la familia Cooper no pudo disiparse.

El gozo es algo que eliges

Cuando Pablo escribió acerca del gozo, no les dijo a los cristianos *"Espero* que se gocen", sino que *estén* gozosos:

> 1 Tesalonicenses 5:16: "Estad siempre gozosos".

> Filipenses 4:4: "Regocijaos en el Señor siempre. Otra vez digo: ¡Regocijaos!".

Filipenses 4:4 (BLS): "¡Vivan con alegría su vida cristiana! Lo he dicho y lo repito: ¡Vivan con alegría su vida cristiana!".

Tú dices: "Pero no tengo ganas de regocijarme o de estar alegre". De ese modo, estás diciendo que las circunstancias que te rodean no contribuyen a tu gozo. La mayoría de los que sufren de preocupación crónica piensa que la alegría es algo que le debe *suceder*, como el Sol, que sale después de una tormenta. Y por ello estas personas cometen el error de ser pasivas y esperar hasta que sus circunstancias cambien.

Desde luego que no hay nada de malo con que cambiemos las circunstancias difíciles que nos rodean, si tenemos la opción de hacerlo. Pero el gozo no es un estado a alcanzar. Es el estado del ser. No adquirimos el gozo. Nos revestimos de él.

Observa lo que escribió el apóstol Pablo en Filipenses 4:4 de modo imperativo. Pablo no estaba haciendo sugerencias útiles; estaba dando un mandato. El gozo es un mandato: "Regocijaos en el Señor siempre. Otra vez digo: ¡Regocijaos!". De hecho, podría traducirse: "Persistan en el gozo del Señor siempre; y lo repito: Persistan en el gozo del Señor". Haz del gozo del Señor el patrón habitual de tu vida. De no hacerlo, estarás pecando y sufrirás.

La clave del gozo es la alabanza

Tú te gozas cuando alabas a Dios. No puedes alabar a Dios sin regocijarte en Él y en las circunstancias que permite en tu vida, no importa cuán desagradables sean.

Las palabras *alabanza* y *regocijo*, ambas en sus variadas formas, se mencionan más de 550 veces en la Palabra de Dios. El mismo hecho de que la alabanza y el regocijo reciban una atención tan frecuente en la Biblia nos indica su importancia.

En el Salmo 34:1, David dijo: "Bendeciré a Jehová en todo tiempo; su alabanza estará de continuo en mi boca". La alabanza fue el patrón de conducta de la vida de David, aun en medio de los problemas y las adversidades que tuvo que enfrentar, igual que todos nosotros. Fueron varias las graves dificultades que padeció. Uno de sus hijos, Adonías, le desgarró el corazón. Absalón, otro de sus hijos, lo traicionó y trató de usurpar su autoridad. E incluso otro de sus hijos, Amón, le trajo gran aflicción a David al cometer adulterio con su media hermana, Tamar. También puedes leer en 2 Samuel 16:5-13 cómo maldijo Simei maliciosamente a David; y cada alumno de escuela dominical recordará la historia de cómo David fue perseguido por el rey Saúl, quien trató de capturarlo en varias ocasiones con un ensañamiento brutal.

Sin embargo, en medio de todo aquello, David bendijo al Señor y cumplió con el mandato de regocijarse. La alabanza a Dios era continua en la boca de David. En el Salmo 33:1 él exhorta: "Alegraos, oh justos, en Jehová; en los íntegros es hermosa la alabanza". Esta era la instrucción de un hombre que era "…varón conforme [al] corazón [de Dios]…" (Hch. 13:22).

Después que las autoridades religiosas de la ciudad de Jerusalén azotaran sin misericordia a Pedro y a los apóstoles por hablar "en el nombre de Jesús", los apóstoles se fueron "…gozosos de haber sido tenidos por dignos de padecer afrenta por causa del Nombre" (Hch. 5:40-41).

No tienes mérito alguno por gozarte cuando todo va bien. Sin embargo, cuando has hecho de la alabanza y el regocijo el patrón de tu vida aun en medio de las circunstancias difíciles, habrás llegado a un lugar donde no solo estarás dando gloria a Dios, sino que también tendrás inmunidad contra la preocupación.

Regocíjate aun en los días tristes y los días negros. Aunque tus amigos te hayan traicionado, tus vecinos sean maliciosos y malvados contigo, tus familiares no te aprecien o la tragedia haya asaltado tu vida, aun así es posible vencer la preocupación con la actitud expresada en Isaías 12:2, 4: "He aquí Dios es salvación mía; me aseguraré y no temeré; porque mi fortaleza y mi canción es JAH Jehová, quien ha sido salvación para mí… Y diréis en aquel día: Cantad a Jehová, aclamad su nombre, haced célebres en los pueblos sus obras, recordad que su nombre es engrandecido".

Siempre es posible alabar

Recuerda lo que escribí anteriormente: no hay ninguna situación o circunstancia que pueda justificar la preocupación. La preocupación es un pecado. Y la alabanza es un antídoto contra la preocupación.

Uno de los hombres cristianos más felices que he conocido tuvo que atravesar una prueba terriblemente desgarradora. Para incrementar los ingresos de la familia durante la Gran Depresión, él y su esposa ofrecieron alojamiento y comida a un "ciudadano de buena reputación".

El hombre que estuvieron alojando resultó ser un Judas, un traidor. Este sedujo a la esposa del dueño de la casa con una sagacidad diabólica, y cuando ella trató de cortar la relación, él se desquició. Entonces estranguló a la mujer, después puso al bebé en el horno y abrió la llave de gas, lo cual mató al pequeño por asfixia. Después llevó al hijo de la pareja de ocho años al garaje y lo estranguló con un pedazo de alambre. Finalmente volvió a la cocina y se acostó sobre algunas sillas frente al horno, con las llaves del gas abiertas.

La cuadrilla de rescate logró revivir al maligno asesino. Pero un brillante cristiano perdió, en un solo incidente, a su esposa y sus hijos. Este durísimo golpe hubiera turbado el equilibrio mental de cualquiera. Sin embargo, con la fortaleza del Señor, este hombre fue a la penitenciaría para testificar de Jesús al asesino. La manera en que él se comportó en aquella horrorosa experiencia y durante los años subsiguientes ha influenciado poderosamente mi vida y la vida de miles de otras personas; para siempre y para la gloria de Dios.

Como es de esperar, este hombre estaba desconsolado. Pero a lo largo de todo aquello, el gozo del Señor siguió siendo su posesión firme y permanente.

¿Tú dices que tienes problemas? De seguro los tienes. Todos tenemos problemas. Pero cuando el gozo ha llegado a ser el patrón de tu vida, ya no eres un termómetro psicológico que mide la temperatura de su entorno social. En cambio, eres un termostato psicológico que establece la temperatura de su entorno social. Has aprendido, como dice Pablo, a estar siempre gozosos (ver 1 Ts. 5:16).

Pablo no era un teórico abstraído de la realidad: él exhortó a los cristianos de Filipos y les dijo: "Regocijaos en el Señor siempre. Otra vez digo: ¡Regocijaos!" (Fil. 4:4). En el momento que escribió estas palabras estaba preso en Roma. Casi seguro que sabía que Nerón nunca lo iba a poner en libertad. Probablemente sabía que lo esperaba la espada del verdugo. Sin embargo, no dijo: "Lloren conmigo" o "laméntense conmigo", sino "gócense conmigo".

Si Pablo pudo regocijarse en tales circunstancias, ¿qué excusa tenemos nosotros para nuestra ansiedad?

6

CONTROLA TUS SENTIMIENTOS

Norman Cousins, el famoso ensayista y veterano editor de la revista *Saturday Review*, en una ocasión, llegó a estar tan enfermo, que los médicos no esperaban que sobreviviera.

Después de reflexionar al respecto, Cousins concluyó que si las emociones malas pueden inducir enfermedades, las emociones buenas deberían hacer lo inverso. Entonces resolvió pensar y actuar de manera alegre, positiva y optimista sobre la premisa de que "el corazón alegre constituye buen remedio…" (Pr. 17:22). Y funcionó. Cousins sobrevivió para escribir un libro sobre su experiencia, titulado *Anatomy of an Illness* [Anatomía de una enfermedad].

Toma el control de tu timón emocional

Es una ley básica de la naturaleza humana sentir tal cual pensamos y actuamos. Piensa y actúa de la manera que te quieres sentir, y pronto te sentirás de la manera que piensas y actúas. Te sentirás exactamente como Dios quiere que te sientas. Déjame darte una ilustración.

Ve a una habitación tranquila, párate con los pies separados a treinta centímetros, sujétate las manos detrás de tu espalda y déjalas caer con suavidad. Inclina tu espalda, tu cuello y tu cabeza hacia atrás ligeramente, manteniendo tu cuerpo relajado por completo. Ahora comienza a llenarte de resentimiento.

¿Notaste lo que sucedió? Te enderezaste inmediatamente debido a la contracción de tus músculos. Te pusiste tenso. Tus pensamientos, tus sentimientos y tus acciones están interrelacionados.

Cuando un hombre viene a mi oficina y se sienta de una manera relajada e inclinado hacia atrás, sé que tiene absoluta confianza en mí. No tiene miedo de mí, pues sería difícil colocarse en una posición de defensa desde esa postura.

Traslada esto a tu vida diaria. Cuando estás deprimido y desesperado, y sientes que no tienes otra cosa que problemas, sonríe. Lleva tus hombros hacia atrás. Respira hondo. Canta. Mejor aún, fuérzate a reír. Sigue riéndote hasta reírte exageradamente. Al principio te parecerá ridículo, pero te garantizo que espantará tu tristeza.

No puedes pensar con temor y actuar valientemente al mismo tiempo. Por otro lado, no puedes pensar valientemente y actuar con temor. No puedes pensar rencorosamente y actuar con amabilidad al mismo tiempo. Por otro lado, no puedes pensar amablemente y actuar con rencor. Tus sentimientos corresponden, sin duda alguna, a tus pensamientos y acciones dominantes. ¿Está esto en las Escrituras? ¡Definitivamente! La Palabra de Dios dice: "Porque cual es su pensamiento en su corazón, tal es él…" (Pr. 23:7).

Alfred Adler, el famoso psiquiatra australiano que ejerció como profesor invitado en la Universidad de Columbia de Nueva York y en la Escuela de Medicina Long Island, señaló que aquellos que están dedicados a ayudar a otros no sufren de neurosis, psicosis o sentimientos de inferioridad. De hecho, la generosidad financiera y su consecuencia natural —la compasión reflejada en acciones positivas— fortalecen e incluso sustentan la clase de confianza que de otro modo sería imposible.

De qué manera están relacionados el pensamiento y el cuerpo

Ahora vuelve a leer Filipenses 4:8:

> "Por lo demás, hermanos, todo lo que es verdadero, todo lo honesto, todo lo justo, todo lo puro, todo lo amable, todo lo que es de buen nombre; si hay virtud alguna, si algo digno de alabanza, en esto pensad".

La obediencia al mandato de Filipenses 4:8 dará lugar a la obediencia al mandato de Filipenses 4:4. Tal cual pienses, sentirás. Nuestros sentimientos se manifiestan por medio de nuestras acciones.

Por ejemplo, cuando veo a un hombre que con sus pies dice que son las dos menos diez y con sus labios dice que son las ocho y veinte, que vuelve locos a todos en vez de ejercer influencia en ellos, pienso: *Cuidado. Este hombre es un tirano en potencia.* Cuando veo a una mujer mover nerviosamente la alianza matrimonial, conjeturo que no se está llevando muy bien con su esposo. Y, por lo general, tengo razón.

Tal vez no puedas controlar directamente tus sentimientos. Pero *puedes* controlar tus pensamientos y tus acciones. Por consiguiente, con la fortaleza de Cristo, domina tus pensamientos y tus acciones, y de ese modo dominarás tus sentimientos. Es imposible que te "[regocijes] en el Señor siempre" y que te preocupes al mismo tiempo. Además, no puedes alejar los pensamientos de preocupación y temor con el solo hecho de decir: "No quiero tener temor. No quiero preocuparme".

Para vencer tus preocupaciones, debes disciplinarte y pensar en lo que dice Filipenses 4:8. Deja que tus acciones se acomoden a tus pensamientos. Disciplínate en sonreír, mantener una buena postura, hablar con voz armónica de una manera enérgica; en resumidas cuentas, en actuar de manera compatible con estos pensamientos positivos.

No comiences mañana; comienza hoy. Comienza ahora mismo. Tus preocupaciones desaparecerán, y Dios será glorificado.

Controlar los pensamientos y las acciones neutraliza una mente dividida

Bob Glaze de Dallas, Texas, se distinguió como maestro de la Biblia, mecenas, líder cívico, hombre de familia y hombre de negocios. Fue parte del consejo ejecutivo de la Asociación Sinfónica de Dallas. Tuvo a cargo clases bíblicas de escuela dominical durante más de cuarenta años. Y se escribieron sobre él como hombre de negocios destacado en revistas empresariales tan prestigiosas como *Fortune.*

Bob era un contador público certificado. Las cosas le habían ido muy bien desde que le dieron de baja en la marina, donde se había desempeñado como comandante durante la Segunda Guerra Mundial. Después de varios años como interventor para una gran organización, él y tres amigos decidieron fundar su propia empresa. La empresa quebró al año. Pero Bob no entró en pánico ni cayó en depresión. Tomó el control de la situación y, como un excelente capitán, condujo con destreza el barco de su vida a través de aquellas aguas peligrosas e inexploradas.

Bob no transigió en aceptar cualquier trabajo que se le presentara. Él había determinado qué quería hacer y con quién quería asociarse. Su opción número uno era el mejor urbanizador inmobiliario de los Estados Unidos, Trammell Crow de Dallas.

Bob había oído que Trammell Crow era aficionado al ejercicio. Por lo tanto, lo primero que hizo Bob fue ponerse el cuerpo en forma. En ese entonces, tenía cuarenta y tres años. Pidió una cita con Trammell Crow, quien, durante la entrevista, lo invitó a visitar el piso catorce de uno de sus edificios.

Bob había escuchado que Trammell no tomaba ascensores, sino que más bien subía corriendo las escaleras. Al llegar al piso catorce, Trammell vio que Bob llegaba inmediatamente detrás de él. Más tarde Bob se sonrió cuando contó la experiencia: "¡No sé si Trammel me contrató porque pensó que yo era el hombre indicado para el trabajo o porque quedó impresionado al ver que había subido los catorce pisos por escalera a la par de él!".

Lo que quiero señalar es que Bob estaba tan concentrado en su objetivo que no se permitió tener una mente dividida. No dio lugar en absoluto a la preocupación. Controló sus sentimientos al controlar sus pensamientos y sus acciones. Y se aseguró la posición que quería, tanto para el deleite de Trammell Crow como para él mismo.

Controlar los pensamientos y las acciones restaura la salud

En noviembre de 1986, Bob tuvo que ir de urgencia al hospital por un caso grave de pancreatitis. Su enfermedad y las complicaciones de esta duraron más de siete meses. La causa del problema estaba en su vesícula. Sin embargo, Bob estaba tan débil que sus médicos no podían arriesgarse a operarlo. Por eso pasó semanas enteras con suero intravenoso. Según los médicos, estuvo tres veces al borde de la muerte.

Después que lo operaron de la vesícula, Bob les hablaba a los médicos del día que regresaría a su casa. Ellos eran escépticos, pero Bob actuaba basado en la convicción de que la cirugía había sido un éxito y que regresaría a su casa antes de lo que los médicos originalmente habían pronosticado. Y así fue.

Bob no era imprudente; tan solo era positivo. Posteriormente, llegó a trabajar a un ritmo que representaba un reto para muchos hombres más jóvenes. Él reconocía que Dios había intervenido sobrenaturalmente en la restauración de su salud. Él y su esposa, Ruth, creían que Dios había escuchado las oraciones de, literalmente, miles de amigos cristianos de todo el mundo, mientras estuvo en el hospital. Y él no tardó en darle la gloria a Dios, como todos aquellos que lo hemos ayudado en amor y oración a lo largo de aquella dura experiencia.

Pero observa que durante ese tiempo, Bob nunca se permitió pensar en otra cosa que no fuera la expectativa de que sobreviviría, se mejoraría y viviría una vida lozana y fructífera. Te puedo decir que Dios honró la fe de Bob y la de sus amigos. Y Dios también honró el enfoque de sus pensamientos, que puso las bases para la clase de emociones que favorecen la sanidad.

Toma el control de tus pensamientos y sentimientos, y estoy seguro de que Dios también honrará tu fe.

Deja el hábito del derrotismo

Hacen mucho daño a la causa de Cristo los cristianos profesantes que anuncian a los cuatro vientos su derrotismo y negativismo mediante la flacidez con la que estrechan las manos, la apatía con la que caminan, su semblante de malhumor y la manera lastimera y quejumbrosa con la que hablan. Creo que estas personas hacen más daño a la causa de Cristo que todos los contrabandistas, extorsionistas, proxenetas, borrachos y la escoria de la sociedad en su conjunto.

Cuando fui pastor de una iglesia grande de una ciudad del Sur, me enfrenté a problemas que hubieran alterado mi cordura de no haber sido por la gracia de Dios. Hubo particularmente un problema que me llamó la atención y la de varios otros ministros de la iglesia. Uno de los diáconos principales de la iglesia había caído en pecado. Pero no mostraba señales de arrepentimiento ni deseos de arrepentirse. Además hubo pruebas de que otro miembro destacado de la iglesia estaba robando más de ciento sesenta dólares a la semana de las ofrendas de la escuela dominical. Teníamos por delante un difícil dilema. Si estos asuntos se hacían públicos, le causarían daños irreparables al testimonio de Cristo.

Además de estos problemas, mi esposa y yo estábamos atravesando una gran prueba en nuestro hogar. Nuestro precioso pequeño hijo había quedado totalmente paralítico. Había sufrido de parálisis cerebral como resultado de lesiones en el parto, causadas por un médico en estado de ebriedad. La pequeña criatura estuvo entre la vida y la muerte.

Como resultado de todas estas presiones, pude haber caído fácilmente en la preocupación. Pero puse mi atención en el Salmo 1. Como nunca antes, aprendí a apreciar la sabiduría de que bienaventurado es el hombre que se deleita en la ley del Señor día y noche (vv. 1-2). No quería sentir lo que estaba sintiendo. No era un buen testimonio. Por lo tanto, por la gracia de Dios, fijaba mis pensamientos en lo que dice Filipenses 4:8 y hacía todo lo posible para actuar de manera congruente.

En varias ocasiones, tuve que tomar mi automóvil, conducir hasta las afueras de la ciudad y literalmente forzarme a reír y cantar. Estoy seguro de que algunos transeúntes pensarían que estaba loco. Pero ¡aquello fue lo que me ayudó a no perder la cordura!

Piensa y actúa de la manera que Dios quisiera que pienses y actúes. ¿El resultado? Sentirás tal cual pienses y actúes. Esto, a su vez, glorificará a Dios. Y te ayudará a rechazar la preocupación.

De las bicicletas a las transacciones bancarias

El Dr. Mochtar Riady, un chino indonesio de origen étnico, siempre había querido dedicarse a las transacciones bancarias. Cincuenta años antes, los chinos de origen étnico no podían trabajar en posiciones de prestigio. Sin embargo, Riady nunca perdió su interés ni se debilitó en su determinación de poder dedicarse algún día a la profesión bancaria.

Mientras esperaba que ese día llegara, comenzó a importar y vender repuestos para bicicletas. Y llegó el día cuando le ofrecieron un puesto de poca importancia en un banco.

Durante ese tiempo, trabajó ferviente y fielmente, y se dedicó a sus estudios. Y mantuvo un ritmo increíble hasta obtener un doctorado.

Fundó las, ahora mundialmente conocidas, compañías Lippo Group, incluso el Lippo Bank y más tarde la Compañía de Seguros Lippo Life. Desarrolló una empresa multinacional que incluye actividades bancarias, seguros, desarrollo urbano, comercio al por menor, propiedades, asistencia médica, educación e Internet.

En un período de menos de tres años, el Dr. Riady y su hijo James transformaron una parcela de terreno de doscientas cincuenta hectáreas insignificantes en una "ciudad del mañana". Muchos analistas de empresas globales consideraron a Lippo Karawaci como la comunidad más desarrollada de Asia; algunos la consideran la más desarrollada del mundo.

El Dr. Riady también se ocupó de que sus hijos recibieran la mejor educación universitaria posible, así como educación práctica (al trabajar en instituciones financieras, inmobiliarias y aseguradoras). En varias ocasiones llegó a poner todo en peligro y se expuso a lo que podría haber sido un desastre financiero. Pero durante todo ese tiempo, trató a las personas con justicia y con la garantía de que disfrutarían de los beneficios económicos de la alianza con sus empresas.

El Dr. Riady compró las doscientas cincuenta hectáreas, con la intención de que todas las personas de aquella zona pudieran tener mejores viviendas, así como oportunidades laborales que previamente se les habían negado. Construyó un hospital de trescientas camas, un hotel de cinco estrellas y viviendas totalmente comparables a los selectos distritos residenciales de cualquier ciudad sobre la tierra. Y sus hijos desarrollaron gran capacidad para los negocios y demostraron un ingenio inusual además de una maestría superior en las relaciones humanas.

En varias ocasiones, el Dr. Riady se enfrentó a reacciones adversas, que iban de graves improperios a crueles traiciones. Sin embargo, nunca perdió su actitud optimista y alegre. Él controlaba sus sentimientos y de ese modo controlaba su entorno social. Nunca permitió que su entorno social lo controlara a él.

Durante un tiempo de problemas financieros en el sur de Asia, algunos indonesios, enfurecidos por lo que percibían como corrupción política, desataron su hostilidad sobre el Dr. Riady. El daño a Lippo Karawaci llegó a ascender a millones de dólares. Sin embargo, yo nunca escuché quejas del Dr. Riady. Debe de haber sufrido un profundo dolor al ver que algunos de aquellos que habían escapado de la pobreza gracias a él participaban del vandalismo y saqueo de los comercios y las fábricas de Lippo Karawaci.

Durante la década de 1990, los Riady fueron escandalizados por políticos y expertos que los acusaron de asociación ilícita. Es una larga historia. Los Riady no se defendieron; simplemente pusieron su confianza en Dios y esperaron con paciencia hasta que todo saliera a la luz.

Cuando uno entra a la oficina del Dr. Riady, el aspecto más impactante de la decoración es un imponente retrato artístico de Jesús mientras lava los pies de sus discípulos. Durante una visita que le hice en 1997, quedé sorprendido por la serena presencia de la señora Riady en un rincón de la oficina, mientras preparaba la lección de su estudio bíblico.

El Dr. Riady, convertido al Señor Jesucristo en su madurez y con un éxito probado en los negocios, demuestra día a día el poder de controlar sus sentimientos. Él lleva un termostato emocional que establece la temperatura de aquellos que lo rodean, no un termómetro que simplemente responde a su entorno.

7

DA GRACIAS POR LAS BENDICIONES DE DIOS SOBRE TU VIDA

Se cuenta la historia de un rey que era tan infeliz que envió uno de sus hombres para que fuera a buscar a un hombre feliz. El rey le ordenó: "Cuando encuentres un hombre feliz, cómprale la camisa y tráemela a mí para que me la ponga y pueda ser feliz también".

Durante años el emisario del rey viajó en busca de un hombre feliz, pero sin poder encontrarlo. Finalmente, un día cuando estaba caminando por una de las regiones más pobres de uno de los países más pobres, escuchó que alguien cantaba con todas sus fuerzas. Siguió el sonido y encontró a un hombre que estaba arando el campo.

—¿Eres feliz? —le preguntó al labrador.

—No sé qué es ser infeliz.

Entonces el representante del rey le contó al labrador el propósito de su misión. El labrador se rió divertidamente y le respondió: "¡Oh! ¡Es que no tengo camisa!".

Ten en cuenta las bendiciones de Dios

Para utilizar el tónico de la alabanza como un antídoto contra la preocupación, debes desarrollar gran respeto y gratitud por las cosas buenas que Dios ya te ha dado. Cuando te sientas triste, puede que tengas que "arremangarte" y hacer el esfuerzo denodado de concentrarte en las bendiciones abundantes que Dios te da. No las des por descontadas.

Puede que tus bendiciones no sean materiales, pero de todos modos son bendiciones reales. En verdad, nadie ha hallado gozo simplemente por adquirir ganancias materiales. El gozo no deriva de la cantidad de las posesiones; pues "...la vida del hombre no consiste en la abundancia de los bienes que posee" (Lc. 12:15).

Hace un tiempo, tuve el agrado de recibir a almorzar a Jean Baptiste Mugarura de Rwanda. Este africano de treinta y cinco años y 1,90 de altura cursó el programa de capacitación avanzada de liderazgo en el Instituto Haggai en Singapur en 1999. Fue uno de los muchachos más jóvenes en participar del programa.

Hasta hace cinco años, se desempeñaba como funcionario del Banco Nacional de Rwanda (semejante al Banco de la Reserva Federal de los Estados Unidos). Después llegó la masacre que sacudió al pueblo de Rwanda en manos de las fuerzas rebeldes. Entre los asesinados por los rebeldes, estaban la novia de Jean y su tutor. Además, fueron asesinados dos de los tres hijos de su tutor. El tutor de Jean, indiscutiblemente una de las dos personas más influyentes de Rwanda, había hecho todos los esfuerzos por mantener la paz. Sin embargo, los rebeldes lo asesinaron. En ese país, fueron asesinadas más de un millón de personas.

Jean pasó por las noches más oscuras del alma. Aquellos fueron días de profunda reflexión y autoexamen. Sin embargo, si te pudieras sentar frente a este feliz ejecutivo, que ahora sirve al Señor en Rwanda e influencia a personas de todo el mundo, nunca adivinarías que tuvo que atravesar una experiencia tan terrible.

¿Cómo se explica esto? Este hombre sabe cuál es la fórmula de la paz: ALABANZA + CONFIANZA + ORACIÓN = PAZ.

Mientras tanto, el Señor le ha dado una bella esposa. En este momento, está dedicado al ministerio cristiano a tiempo completo. Lleva la carga laboral de dos líderes activos. Y está llevando esperanza y ayuda a las familias devastadas de Rwanda. Sin el firme hábito, inspirado por el Espíritu, de dar gracias por las bendiciones de Dios sobre su vida, se hubiera secado, se hubiera amargado y no hubiera podido ser útil.

Por lo tanto, piensa en las bendiciones de Dios sobre tu vida. ¿Por cuánto dinero venderías la salud que el Señor te ha dado? ¿Cuánto vale el amor de tu esposa para ti? ¿Valoras realmente el cariño de tus hijos? ¿Por cuánto dinero venderías tu reputación si pudiera ponerse a la venta en el mercado? ¿Qué importancia le darías a la visión de tus ojos que Dios te ha dado? ¿Qué dices de la capacidad de escuchar, hablar, sentir y saborear? ¿Has pensado alguna vez qué pobre serías si de repente te privaran de todos tus amigos?

Solemos tomar las numerosas bendiciones de Dios por descontadas, ¿no es cierto? Comienza a dar gracias por las bendiciones que te ha dado; tu corazón desbordará de gratitud, y tus labios, de alabanza.

Como un conocido verso nos recuerda:

> Yo estaba amargado
> por no tener calzado;
> hasta que vi en la vía
> que un hombre pies no tenía.

Da gracias por las bendiciones de Dios sobre tu vida. Si te es de ayuda, toma un tiempo de vez en cuando para anotar las bendiciones en una hoja de papel. Alaba a Dios por el amor de tu esposa, el cariño de tus hijos, tu buena salud, el apoyo de tus amigos.

Mientras estés escribiendo y pensando, te vendrán a la mente bendiciones a montones. Pronto sentirás un cántico en tu corazón: ¡alabado sea Dios por todas sus bendiciones! De este modo, estarás honrando al Señor y obedeciendo la exhortación de Filipenses 4:4 de regocijarse en el Señor siempre.

Lee lo que la Biblia dice de las bendiciones de Dios:

> "¡Cuán preciosos me son, oh Dios, tus pensamientos! ¡Cuán grande es la suma de ellos! Si los enumero, se multiplican más que la arena; despierto, y aún estoy contigo" (Sal. 139:17-18).

> "Has aumentado, oh Jehová Dios mío, tus maravillas; y tus pensamientos para con nosotros, no es posible con-

tarlos ante ti. Si yo anunciare y hablare de ellos, no pueden ser enumerados" (Sal. 40:5).

Alaba a Dios en medio de la tragedia

Spurgeon, el gran predicador bautista del siglo xix, escribió acerca de un hombre que había sufrido un accidente en el cual se había quebrado la cadera. Su cadera no se recuperó bien, y el hombre quedó lisiado. Las personas oraron con fervor para que Dios le restaurara la salud y lo fortaleciera. Poco después de que comenzaron a interceder intensa y unánimemente a favor de este hombre, al parecer se produjo una tragedia. El hombre se volvió a caer y a quebrar la cadera.

¿Qué harían ahora? Hubiera sido completamente natural que dejaran de orar, pues era evidente que la condición de aquel hombre se había agravado, no mejorado. Sin embargo, felizmente muchos de los intercesores —cristianos sabios y maduros— vieron la mano de Dios en toda aquella situación.

Ellos siguieron alabando y dando gracias a Dios. Y resultó ser que dado que la cadera se había vuelto a "quebrar", ahora se asentaba perfectamente. No pasó mucho tiempo hasta que la convalecencia por iniciativa divina hiciera su obra perfecta. Este joven volvió a caminar sin ningún tipo de cojera. La segunda tragedia terminó siendo una bendición encubierta.

¡Da gracias a Dios por sus bendiciones sobre tu vida! Aun cuando las cosas parezcan empeorar, da gracias a Dios y toma aliento. Di como el apóstol Pablo: "...de buena gana me gloriaré más bien en mis debilidades, para que repose sobre mí el poder de Cristo" (2 Co. 12:9).

En capítulos anteriores, mencioné a mi hijo Johnny. En 1950, el Señor nos bendijo con este precioso niño. Después de las circunstancias calamitosas de su nacimiento, la pequeña criatura casi se muere. Aunque Dios le guardó la vida, quedó totalmente paralítico. Era muy vivo y tenía todas las inclinaciones y deseos de un niño normal, pero su cuerpo no respondía a las demandas de su voluntad. Eso lo hacía sufrir a él y nos hacía sufrir a nosotros. Sin embargo, Dios le dio un temperamento maravillosamente agradable.

¿Fue la parálisis de nuestro hijo una bendición? Sí, definitiva-mente. Entre el año de su nacimiento y el año que renuncié al pas-torado para dedicarme al evangelismo a tiempo completo, enterré a más niños y ministré a más niños enfermos que cualquier otro pastor. Dios me había acondicionado de una manera especial para este ministerio atípico y bendecido.

La vida de mi hijo fue una gran bendición para nuestra familia. Tendría varias maneras de demostrarlo, pero están asociadas a expe-riencias guardadas en los lugares más secretos y recónditos de mi corazón, y solo están abiertas a Dios y a nuestros familiares cercanos.

Johnny falleció en 1975, dieciséis años después de que se publi-cara la primera edición de *Vence tus preocupaciones*. A su funeral, asis-tieron personas de casi diez mil kilómetros de distancia. Un hombre que vino de una ciudad lejana me dijo: "Siempre quise expresarle a Johnny de cuánta inspiración era para mí. Y vine porque estoy seguro de que él es consciente de este servicio, y simplemente quiero que sepa cuánto ha significado para mí". ¿La bendición que recibi-mos a través de Johnny ha superado la prueba del tiempo? Claro que sí. A pesar de mis cejas tupidas, mi voz áspera y mi aspecto serio, los niños parecen sentirse atraídos hacia mí. Creo que tengo más afini-dad con los niños que cualquier otra persona fuera del ámbito de la enseñanza y la psicología infantil. Si entro a una habitación en la que hay un niño llorando, digo unas palabras, y el niño deja de llorar. Creo que es una bendición, y debo dar gracias por ella.

También debo dar gracias por la bendición de resistir seis déca-das de matrimonio con Christine. La razón por la que digo "resistir" es porque tener un inválido en el hogar no une más a los cónyuges; más bien los separa.

Elizabeth B. Brown, la esposa del célebre doctor en medicina Paul Brown de Tennessee, escribió lo que significa tener un hijo enfermo en el hogar por cinco años. Ella se maravillaba por haber podido soportar aquella situación y superar el estrés. Según William G. Justice, que en 1982 escribió *When Death Comes* [Cuando llega la muerte], "el noventa por ciento de todas las parejas que han perdido a un hijo tiene serios problemas matrimoniales dentro de los meses siguientes a la muerte del niño. Y tres de cada cuatro se divorcian en un lapso de dos años".

La alabanza funciona en las peores circunstancias

En una nación del oeste de Asia, un joven ministro del evangelio predica para alrededor de 1.200 a 1.500 personas cada domingo. En aquella misma nación, se han masacrado a miles de personas. Cuando me encontré con este destacado ministro en una capital neutral del mundo, le dije:

—¿Cómo haces para soportar la presión de tratar de mantener un ministerio en una ciudad y nación que está abiertamente determinada a destruir el cristianismo?

Él me sonrió y me dijo:

—¡Cuán bueno es Dios! ¡Cuánto nos bendice!

Pensé: *Este pobre hombre no escuchó lo que le dije.* Pero después procedió a explicarme.

—Dios nos ha colocado en el ojo de la tormenta. En un lado, están los marxistas. En el otro, están los musulmanes extremistas. Estos dos bandos están implicados en un combate tan hostil que, dado que nosotros estamos en el centro, estamos maravillosamente protegidos. Mejor aún, cientos de personas están conociendo a Jesucristo como el Salvador.

Este hombre no se estaba lamentando por su suerte; le estaba dando gracias a Dios por sus bendiciones. No creo que la preocupación encontrara en él un hospedaje propicio.

Durante mis visitas a Vietnam a finales de los años sesenta y a principios de los setenta, me encontré con muchas personas vietnamitas. Un hombre se paró y me dijo que lamentaba la guerra y que sentía mucho que los soldados norteamericanos tuvieran que ir y sufrir la separación del hogar, lesiones físicas e incluso la muerte. Después dijo: "La victoria más grande de este conflicto es que los norteamericanos y los coreanos trajeron el evangelio a nuestra tierra, y nosotros que estábamos en la oscuridad hemos llegado a la luz de Cristo".

Este hombre había perdido a miembros de su familia, su negocio, y de su casa solo quedaban cenizas. ¡Aun así, daba gracias por las bendiciones de Dios sobre su vida!

Durante el conflicto de Corea entre 1950 y 1953, el misionero presbiteriano, Dr. Harold Voelkel, desarrolló un ministerio profundo y generalizado entre las tropas de ambos bandos. Personalmente llevó a Cristo a más de ciento cincuenta soldados de Corea del Norte, veinte de los cuales ahora están en el ministerio evangélico a tiempo completo.

Voelkel fue el que presentó a mi madre y mi padre, de modo que tengo más que un aprecio casual por este caballero. La cualidad de su carácter que me llamaba la atención cada vez que me encontraba con él era su fuerte y pujante optimismo cristiano en toda situación. Él sabía cómo agradecer las bendiciones de Dios sobre su vida, y la preocupación nunca pudo alcanzarlo.

Da gracias por las bendiciones de Dios sobre tu vida, menciónalas una a una; y te sorprenderás de no tener que seguir soportando el peso del monstruo de la preocupación que te ha estado oprimiendo.

Déjame recomendarte encarecidamente que cuando te deprimas y te preocupes, tomes una hoja de papel y literalmente te fuerces a escribir cada una de las bendiciones de Dios que te vengan a la mente. Concéntrate. Piensa con detenimiento. De seguro te tomará tiempo, pero no tanto tiempo como te ocupa preocuparte. No te tomará más tiempo que una cita en el consultorio de un médico, y será mucho más económica. Además, con la fortaleza de Dios, estarás haciendo algo productivo por tu propia condición. Dar gracias por las bendiciones de Dios sobre tu vida es mucho más eficaz que someterte pasivamente a la psicoterapia.

No estoy diciendo que la psicoterapia no tenga su lugar o que las condiciones psicológicas graves no necesiten de la atención de un especialista. Los psicólogos y consejeros pueden proporcionar gran ayuda en las circunstancias apropiadas.

Pero hay muchos individuos que frecuentan los consultorios de psicólogos y consejeros, que podrían disfrutar de una plena salud mental y emocional si solo tuvieran ciertas precauciones y cumplieran con la fórmula bíblica que puede hacerlos libres de la preocupación: ALABANZA + CONFIANZA + ORACIÓN = PAZ.

Es una fórmula que funciona.

8

DOMINA EL ARTE DEL ALTRUISMO

Un joven universitario le pidió consejo al Dr. George W. Truett, quien, en ese momento, era el pastor de la Primera Iglesia Bautista de Dallas, Texas. El estudiante estaba atravesando circunstancias muy duras: le dijo que estaba a punto de negar la fe y que había perdido toda confianza en Dios y en las personas.

El Dr. Truett escuchó al joven. Cuando el estudiante terminó con la historia de su desdicha, este pastor sabio y paciente le pidió que le hiciera un favor. El joven aceptó. Entonces el Dr. Truett le dio el nombre de un hospital y el número de habitación de un paciente que necesitaba una visita. El magnánimo ministro le dijo: "No tengo tiempo de hacer esa visita. ¿La harías por mí?". El joven aceptó.

Dado que era un favor para un importante pastor de Dallas, el joven había decidido dar lo mejor de sí en aquella visita. Y lo hizo tan bien que llegó a interesarse genuinamente por aquel paciente. Como resultado, sus propias dificultades y su desesperación se disiparon. Y salió del hospital hecho un hombre nuevo.

En 1981, regresé a la encantadora isla de Bali en Indonesia. Como era difícil conseguir habitaciones, no me alojé en el hotel de costumbre, el Bali Intercontinental, sino que reservé alojamiento en el Bali Hyatt. Al llegar y subir los escalones de entrada, varios empleados del hotel me dijeron: "Bienvenido a Bali Hyatt, Dr. Haggai. Michael, nuestro gerente general, le ha reservado la mejor suite del hotel. Usted es nuestro invitado, y todos sus gastos corren por nuestra cuenta".

Estaba asombrado. Cuando intenté registrarme en el mostrador de la recepción, uno de los asistentes del gerente general me dijo: "Oh, no, ya nos hemos encargado de ello. Permítame acompañarlo a su habitación".

Me llevó a una de las suites más elegantes que jamás he visto en todos mis viajes por el mundo.

A los pocos minutos, vino a mi suite Michael, el gerente general. Traté de expresarle mi agradecimiento.

—Usted no me recuerda, ¿verdad? —dijo él.

—Discúlpeme, pero no —respondí.

—En los años sesenta, cuando usted se alojaba en el Singapur Intercontinental, yo era el botón que llevaba las maletas. Cada vez que usted llegaba, me trataba tan bien como a su amigo, el gerente general, George Milne. Desde ese entonces, albergué la secreta esperanza de que algún día estaría a cargo de mi propio hotel y podría mostrarle mi gratitud por el aliento y la inspiración que me brindó.

Más adelante, aquel mismo año, en el aeropuerto de Brisbane, cuando estaba listo para embarcar en el avión que se dirigía a Sydney, escuché por el altavoz el anunció de que el vuelo se había cancelado debido a las malas condiciones del clima. Los pasajeros comenzaron a expresar su enojo sobre aquel pobre agente de Ansett Airways de un modo que pocas veces había visto antes. Observé la manera en que este agente los atendió. Cuando los ánimos se calmaron y la mayoría de los pasajeros se había marchado, caminé hacia él y le dije: "Felicitaciones por su manera magistral de manejar una situación que estaba más allá de su control. Usted saldrá ganando, créame". El agente me dio las gracias amablemente, y yo regresé a mi hotel.

Un año y medio después, estaba en el mismo aeropuerto con un boleto para volar en clase económica a Sydney. Una de las agentes se acercó a mí y me dijo:

—¿Es usted el Dr. Haggai?

—Sí, soy yo.

—¿Me acompañaría por este lado, por favor?

La seguí y me sorprendí cuando me dijo:

—Necesito su boleto. Lo vamos a reemplazar por uno de primera clase como cortesía.

Cuando ella vio mi sorpresa, procedió a explicarme:

—Nuestro gerente dijo que el año pasado, cuando algunos pasajeros estaban tan furiosos hasta el punto de pensar que le harían un daño físico, usted fue la única persona que mantuvo la calma e incluso le dio ánimo. Esta es su manera —y nuestra manera— de darle las gracias.

Cuento estas historias para demostrarte que puedes vencer la preocupación al dominar el arte del altruismo. Procura interesarte genuinamente por los demás. Ama a tu prójimo como a ti mismo. Honra a Dios y da tu vida en servicio a los demás. Cuando digo los demás, me estoy refiriendo no solo a tu empleado o tus familiares, sino también a personas que no conoces, a quienes Dios te dé el privilegio de servir.

Toma la iniciativa

Tío Joe Hawk fue una de las personalidades más felices que he conocido. Por más de medio siglo, fue miembro de la Primera Iglesia Bautista de Cleveland, Tennessee. Cuando lo conocí, tenía ochenta y siete años, pero era más joven que muchos jóvenes de veinticinco años. Él asistió a cada uno de los servicios que yo conduje en aquella iglesia en 1953. Déjame contarte algo de su enérgica vitalidad como octogenario.

Hacía algunos años, durante la Gran Depresión, la iglesia había pasado por dificultades económicas. Tío Joe Hawk era un carretero (transportaba mercancías). Había sido bendecido con una buena ocupación, pero desde luego, estaba sufriendo igual que otros trabajadores durante aquellos años tan difíciles. No obstante, este querido hombre siguió procurando el bien de aquella iglesia y sus miembros, muchos de los cuales aún no habían aceptado a Cristo.

Con un riesgo personal considerable, el tío Joe vendió los dos mejores caballos de su carreta para darle el dinero a la iglesia. Gracias a su ofrenda, en la actualidad, la Primera Iglesia Bautista de Cleveland, Tennessee, sigue siendo una poderosa ciudadela para

Cristo. Pocas personas se enteraron de lo que él hizo. Y lo hizo sin ninguna fanfarria. De hecho, muchos de los miembros de la iglesia hoy desconocen su extraordinario sacrificio.

Tío Joe nunca permitió que le devolvieran el dinero dado a la iglesia. Tampoco lo esperaba y no lo quería. Lo dio por el puro gozo de dar. Lo dio para la gloria eterna de Dios y para el beneficio espiritual del hombre. Ninguno que se interesa en los demás tiene tiempo para preocuparse en sus propios problemas.

¿Cuándo fue la última vez que te sacrificaste y diste una ofrenda anónima de cincuenta dólares o más, aparte de tu diezmo, a un estudiante universitario o seminarista en apuros económicos? ¿Cuándo fue la última vez que le diste algo a alguien anónimamente mediante un gesto que no te beneficiaría en absoluto desde el punto de vista material?

Podrías decir que no tienes dinero. Pero no necesitas una inmensa cantidad de dinero para ser generoso con los demás. Por ejemplo:

- Tal vez la señora que vive al lado de tu casa esté enferma y muy necesitada de ayuda. ¿Por qué no te ofreces a cuidar de sus niños por un par de días? Es verdad, puede que sean pequeños monstruitos, pero eso es lo que hace que tu ayuda sea tan valiosa para esa madre.
- Cuando tu vecino sale de vacaciones, ¿por qué no te ofreces a tomar su correspondencia y enviársela?
- ¿Por qué no le escribes unas líneas de aprecio a aquella maestra que se ha interesado tanto en tu hijo y ha hecho una contribución tan notable a su favor?
- Escríbele unas líneas de gratitud a tu pastor por el mensaje que fue de tanta bendición para ti. Anímalo. Solo te tomará algunos minutos. Si le envías esas líneas por correo electrónico, no te costará ni una estampilla.

¿No nos dice la Palabra de Dios que debemos estimar a los demás como superiores a nosotros mismos? "Nada hagáis por contienda o por vanagloria; antes bien con humildad, estimando cada uno a los demás como superiores a él mismo" (Fil. 2:3).

Déjame sugerirte seriamente que tomes la determinación de hacer algo específico por alguien cada día; algo por lo que no esperes ni busques ningún tipo de recompensa a cambio. ¿De qué sirve la ética si no es activa? Por otra parte, hacer esto te ocupará el tiempo que normalmente pasas preocupándote. Y tu copa rebosará del gozo del Señor.

Vamos; hazlo ahora mismo. Si no te resulta fácil y no sabes cómo empezar, simplemente siéntate y pídele al Señor que te guíe. Con lápiz y papel en mano, escribe cualquier idea que se te ocurra.

Tal vez Dios te guíe a hacerle la limpieza a la señora que vive al lado de tu casa, que ha estado cuidando día y noche a sus hijos enfermos. Tal vez contactes con la autoridad de alguna buena universidad o un buen seminario cristiano para pedirle el nombre de un estudiante que esté pasando por una gran necesidad. O puede que te sientas guiado a invitar a un miembro solitario de la iglesia a cenar contigo el domingo. Tan solo con pensar un poco, se te ocurrirán muchas más ideas. ¡Sencillamente hazlo!

Hacer algo por los demás es como una dieta saludable

Estoy convencido de que mi madre, que sufrió una grave enfermedad durante los últimos cuarenta y cinco años de su vida, vivió tantos años con mucha alegría porque estuvo ocupada en servir a los demás.

Cuando una familia se mudaba al vecindario, ella les llevaba una comida caliente mientras se instalaban. Cuando alguien se enfermaba, ella les enviaba una tarjeta o un pequeño y oportuno presente. Y se carteaba con cientos de personas alrededor del mundo.

Creo que servir a los demás produjo en mi madre una gran capacidad de alabar a Dios. Ella era una dama educada, de muy buena conducta; pero una persona de voluntad firme y con una gran capacidad de procurar el bien de los demás. A día de hoy, casi una década después de su enfermedad y muerte, personas de todo el mundo siguen hablándome de ella. Me cuentan algunos pequeños actos de bondad que tuvo para con ellos. Y hacen referencia a alguna tarjeta, carta o postal que ella les envió.

Una de las amigas más íntimas de mi madre murió en 1939 en Massachusetts. Mi madre mantuvo contacto con sus cuatro hijas, sus maridos y sus nietos desde 1945, cuando dejó Massachusetts, hasta finales de 1978, cuando cayó postrada en cama.

Es dar, no recibir, lo que nos inspira a la alabanza. Es servir, no ser servido, lo que produce el mayor de los gozos. Y, desde luego, nadie puede regocijarse y preocuparse al mismo tiempo. Ambas cosas son mutuamente excluyentes.

Si quieres encontrar el verdadero gozo en la vida y una genuina vía de escape de la preocupación, dedícate a ayudar a los demás. Esto no te dejará tiempo para preocuparte.

La vida ofrece infinidad de oportunidades para el altruismo

Un amigo mío, Elmer G. Leterman, visitó Honolulu en 1935.

En aquellos días, el medio principal de viaje desde la costa oriental de los Estados Unidos a Hawái era por barco. Cuando Elmer y su esposa llegaron, descendieron por la escalinata y recibieron el saludo efusivo de amigos que les colocaron guirnaldas de flores alrededor del cuello. Él notó que había cientos de los que desembarcaban que no tenían quién los esperara para saludarlos o darles una guirnalda.

Lo primero que Elmer hizo después de desempacar sus maletas en el hotel fue determinar que mientras estuviera en Hawái, esperaría cada barco con una cantidad suficiente de guirnaldas para recibir a cada persona que no tuviera a nadie que la esperara; y le pondría una guirnalda alrededor del cuello con un vigoroso "aloha" y la hospitalidad por la cual se conoce internacionalmente a Hawái.

Resultó ser que las personas que recibieron esta bienvenida de parte de él terminaron dándole millones de dólares multiplicados en negocios durante los siguientes cuarenta años, aunque esta no había sido su intención. Elmer era un hombre feliz, siempre optimista, que había dominado el arte del altruismo y no daba cabida a una mente dividida.

El fallecido Ee Peng Liang de Singapur se ganó el respeto no solo de las personas de ese lugar, sino de todo el mundo que vieron sus esfuerzos humanitarios a lo largo de los años. Él era contador público de profesión y estaba al frente de una importante compañía en Singapur.

Este hombre nunca me dejó de asombrar por su capacidad de recordar detalles. En una ocasión, me encontré con él. Después de aquella reunión, recibía periódicamente una nota de él con un cálido saludo. No había absolutamente nada que yo pudiera hacer por él, comercial o personalmente, excepto asegurarle mi perdurable amistad y respeto. Pero Ee Peng Liang no hacía lo que hacía para conseguir cosas de los demás. Él había dominado el arte del altruismo, y me impresionó como uno de los hombres más libres de preocupaciones que he conocido en el transcurso de mis viajes.

Ayuda a los demás como más lo necesiten

Por supuesto, usa el sentido común a la hora de ayudar a otras personas. No seas como cierto muchacho explorador, que tenía ideas particulares al respecto. Una noche, durante una reunión de su grupo, el líder de los exploradores les pidió a todos los que habían hecho su buena obra del día que levantaran la mano. Todos levantaron la mano menos este muchacho explorador.

El líder de los exploradores levantó la voz y le ordenó: "Juan, sal y haz tu buena obra del día y no regreses hasta que la hayas hecho".

Juan se fue alrededor de veinte minutos. Cuando regresó, su ropa estaba hecha jirones, su cabello despeinado, y su rostro, magullado y sangrante.

—Juan, ¿qué estuviste haciendo? —dijo el líder de los exploradores.

—Hice mi buena obra del día, señor —dijo el muchacho.

—¿Cuál fue? —preguntó el líder de los exploradores.

—Ayudé a una anciana a cruzar la calle, señor.

—Bien —dijo el líder—, pero ¿qué hiciste para quedar en esa condición?

—Ella no quería —respondió Juan.

Usa el sentido común a la hora de ayudar a los demás. Por ejemplo, en el peor momento de la Gran Depresión, a una familia necesitada le regalaron un costoso caniche de pura raza. Sin duda, se pueden decir muchas cosas buenas de los caniches. Pero la amiga que le regaló el perro hubiera sido mucho más sabia y más útil si hubiera gastado el mismo dinero en la compra de ropa y alimentos para esta familia.

Ayuda a los demás como más lo necesiten. Y al hacerlo, recuerda que "...más bienaventurado es dar que recibir" (Hch. 20:35).

La bondad siempre acaba con la preocupación

Tu interés genuino en otras personas exterminará al monstruo de la preocupación. Tus pensamientos positivos de interés por los demás desplazarán la ansiedad negativa que produce el temor.

Reflexiona una vez más en el interés que nuestro Señor mostraba por los demás. Incluso al morir mostró compasión por sus enemigos y clamó: "...Padre, perdónalos, porque no saben lo que hacen..." (Lc. 23:34). Y mientras estaba sufriendo una gran agonía sobre la cruz, mostró interés por su madre y se ocupó de dejar todo arreglado para ella después de su muerte.

Se requiere una absoluta disciplina cristiana y fortaleza de Dios para dominar el arte del altruismo, pero las recompensas son ilimitadas; especialmente en lo que se refiere al altruista. Sin lugar a dudas, las personas que siempre están gozosas son personas que han dominado el arte del altruismo y se interesan genuinamente en los demás. El gozo echa fuera la tristeza y acaba con la preocupación.

Te estarás gozando en el Señor cada vez que cumplas fielmente la instrucción de Gálatas 6:2-4: "Sobrellevad los unos las cargas de los otros, y cumplid así la ley de Cristo. Porque el que se cree ser algo, no siendo nada, a sí mismo se engaña. Así que, cada uno someta a prueba su propia obra, y entonces tendrá motivo de gloriarse sólo respecto de sí mismo, y no en otro".

Lee también estos mismos versículos de la Nueva Versión Internacional:

> "Ayúdense unos a otros a llevar sus cargas, y así cumplirán la ley de Cristo. Si alguien cree ser algo, cuando en realidad no es nada, se engaña a sí mismo. Cada cual examine su propia conducta; y si tiene algo de qué presumir, que no se compare con nadie".

9

NO ESPERES QUE TE DEN LAS GRACIAS

Para ilustrar un sermón, el Dr. R. A. Torrey contó una vez la historia de un naufragio que tuvo lugar en el lago Michigan. Y recordó que un experto nadador, que entonces era un estudiante de la Universidad de Northwestern, había rescatado a veintitrés personas durante el hundimiento de aquel barco.

Para sorpresa del Dr. Torrey, un hombre anciano levantó la mano desde el fondo del salón y dijo: "Yo fui ese hombre".

El Dr. Torrey le preguntó qué recordaba más de aquella experiencia, después de todos los años que habían pasado.

El rescatista bajó la vista y con voz apagada respondió: "Nadie me dio las gracias".

No esperes que te den las gracias. Cuando te den las gracias, será como la guinda sobre el copo de tu helado; el broche de oro. Pero no permitas que tu gozo dependa de las muestras de agradecimiento de los demás hacia ti.

Nuestro Señor Jesús sanó a diez leprosos. ¿Recuerdas cuántos volvieron a darle las gracias? Exactamente: ¡uno!

El fallecido general Harry C. Trexler, un acaudalado filántropo y destacado ciudadano de Allentown, Pennsylvania, suplió las necesidades financieras de cuarenta estudiantes universitarios en 1933: el año en el que murió. Cuatro meses antes de su muerte, llamó a su secretaria y le preguntó a cuántos jóvenes estaba ayudando a costear la universidad. Ella le dijo cuántos eran. Y él respondió con una mezcla de desconcierto y dolor: "Y la Navidad pasada solo recibí una o dos tarjetas de buenos deseos".

Hace un tiempo, leí acerca de un hombre de Nueva York que, durante más de cuatro décadas, ayudó a más de cinco mil jóvenes a conseguir trabajo en esa ciudad. Posteriormente, al hacer memoria de ello, observó que solo seis le habían expresado su gratitud.

¿La lección? No esperes otra cosa que ingratitud. Sé generoso por el gozo de ser generoso, pero no esperes recibir las gracias. Da por el gozo de dar, y pronto te sentirás tan emocionado por el privilegio de dar que no tendrás tiempo para pensar en la ingratitud de los beneficiarios.

La ingratitud es parte de la condición humana

Es muy evidente al leer las epístolas paulinas, que algunas de las mismas personas que Pablo ganó para Cristo se volvieron contra él y lo insultaron maliciosamente. Pablo nos revela en Romanos 1:21 que la ingratitud es la raíz de todos los males; ya sea una ingratitud activa o pasiva: "Pues habiendo conocido a Dios, no le glorificaron como a Dios, ni le dieron gracias, sino que se envanecieron en sus razonamientos, y su necio corazón fue entenebrecido".

¿No fue la ingratitud la raíz del pecado cometido por Adán y Eva?

Piensa en esto. El Señor Jesús murió por nosotros "…siendo aún pecadores…" (Ro. 5:8). Él sufrió, se desangró y murió por nosotros. Sin embargo, hay millones, que aunque saben esto, se niegan a aceptarlo como el Salvador y Señor de sus vidas. ¿Por qué? ¡Por ingratitud!

¿Has leído alguna vez acerca del hombre ideal según Aristóteles? Esta es su definición filosófica: "El hombre ideal se goza al hacer favores para los demás; pero se avergüenza de que los demás le hagan favores a él. Es una señal de superioridad realizar un acto de bondad para los demás; pero es una señal de inferioridad recibirlo".

Hechos 20:35 dice: "…Más bienaventurado es dar que recibir". Por lo tanto, deja que tu gozo fluya de la bendición de dar, de ayudar, de hacer algo por alguien. No esperes recibir gratitud; gózate en la mismísima acción de servicio. Hace años, Samuel Johnson dijo:

"La gratitud es un fruto muy refinado, que no se encuentra entre personas vulgares".

El ser humano no quiere esforzarse

¿Recuerdas cuando tus amigos se marchaban a otra ciudad? Sin duda, no escatimaste grandilocuencia y emoción cuando hablabas de mantener el contacto, escribirse por carta o correo electrónico, hablarse por teléfono y visitarse. Piensa en aquellas ocasiones y pregúntate cuántas veces cumpliste realmente los acuerdos hechos; ya sea con los compañeros de habitación de la universidad, tus compañeros en el servicio militar, tus vecinos de la otra cuadra, los amigos que conociste en un crucero de seis días en ultramar, tus compañeros de la oficina, o de la fábrica o de cualquier otro lugar.

No es que queramos ignorar a nuestros amigos. Es la apatía que llevamos dentro la responsable. A menos que tomemos medidas para contrarrestar esa apatía, perderemos el beneficio de las relaciones duraderas y las experiencias enriquecedoras. Y al examinar tu corazón, no te costará entender por qué los demás también son apáticos.

Tomemos el caso de las reuniones de ex alumnos. Por lo general, uno o dos integrantes del grupo son los que reúnen a los demás. Si no fuera por ellos, estas reuniones no se realizarían. Ellos son los que toman cartas en el asunto, contactan con ahínco al resto y toman medidas para llevar a cabo la experiencia especialmente encantadora de volver a reunirse después de años de no verse.

Puede que hayas escuchado decir: "El que tiene amigos ha de mostrarse amigo". Y para mantener una amistad, hace falta disciplina, tiempo y energía. En la medida que puedas comprender la tendencia natural hacia la apatía de tu propia vida y la apatía de aquellos que piensas que no deberían ser así contigo, desarrollarás mayor capacidad de alabar: el elemento disuasivo de la preocupación y de una mente dividida que la acompaña.

He hablado muchas veces de la ingratitud con mi antiguo y estimado colega, Dr. William M. "Bill" Hinson, que obtuvo su doctorado en modificación de conducta. Hemos notado que cuando haces lo máximo para ayudar a alguien, esa persona a veces parece resentirse contigo. Es casi como si él o ella estuviera diciendo:

"Podría haberlo hecho por mi cuenta. No te necesito". Esto suele molestarme.

Recuerdo que una mañana estaba sentado en un restaurante de una ciudad de Florida con un joven ministro de alrededor de treinta años, que lloraba desconsoladamente por la iglesia que estaba pastoreando. Este joven decía: "Por el amor de Dios, quiero dejar esa iglesia". Y después sugirió cuál era la iglesia que quería pastorear.

Otro gran amigo, E. Harold Keown (padre) y yo entramos rápidamente en acción. Sabíamos que el Señor era el que tenía que abrir la puerta, pero nosotros haríamos todo lo posible para eliminar todo obstáculo. Después de una significativa inversión de nuestro tiempo e incluso nuestro dinero, la iglesia llamó al joven ministro. Desde entonces, nunca nos ha dicho "gracias". Nunca ha reconocido lo que hicimos para ayudarlo. En realidad, nos ha desairado. Él es un buen hombre, un destacado orador y ha llegado a ser un líder preeminente. Sin embargo, la gratitud no parece ocupar el primer lugar en su escala de características personales.

Cuando ayudes a otros, no esperes otra cosa que apatía. Una noche, un joven dentista de nuestra ciudad me llamó por teléfono desesperado para decirme que su esposa quería suicidarse. Inmediatamente me hice tiempo para ver a esta joven pareja hermosa y capaz. Oramos juntos. Y el Señor la hizo libre del suicidio. Poco después, no solo él nunca me dio las gracias, sino que además criticó mi ministerio.

El rey Saúl nunca mostró una genuina gratitud para con David, pese a que él había salvado su vida y su reino. Saúl, que tenía celos de David, trató de asesinarlo en más de una ocasión. No te sorprendas si no eres valorado.

Conozco a muchos padres —amigos míos— que han colmado a sus hijos de beneficios materiales, solo para darse cuenta de que sus hijos no lo valoran. A menudo los padres me preguntan por qué.

Suelo decirles a padres que empezaron sin nada y lucharon para estar donde están:

—¿Dónde estarían hoy si sus padres hubieran hecho por ustedes lo que ustedes han hecho por sus hijos?

Todos se quedan fríos o dicen algo como:

—¡Oh! Nunca había pensado en ello.

Estoy convencido de que al colmar a los hijos con bendiciones materiales se corre el riesgo de producir en ellos una ingratitud que los asedie por el resto de sus vidas.

El famoso inversor internacional, sir John Templeton, advirtió que cuando les damos abundancia a nuestros hijos corremos el riesgo de engendrar orgullo en ellos, pues no se están ganando su dinero. En consecuencia, siempre se preguntarán si pudieran haberlo hecho sin la generosidad de sus padres.

Un joven me dijo:

—He llegado donde estoy por mis propios esfuerzos.

Y yo le respondí:

—Si no tuvieras el apellido de tu padre, ¿piensas que el banco te hubiera aprobado los préstamos que has solicitado? ¡El banco te concedió millones de dólares en préstamos sin mucha garantía sencillamente porque eres hijo de tu padre!

La ingratitud es un pecado universal. Espera recibir ingratitud. Da por el gozo de dar. Haz las cosas por el gozo de hacerlas. Ayuda solo por el gozo de ayudar. Y no tendrás tiempo ni siquiera de notar el predominio del pecado de la ingratitud. Alabar a Dios debería ser el patrón de tu vida; independientemente del trato frío e incluso cruel que podrías recibir de alguien al que hayas ayudado.

10

CONTROLA TUS PENSAMIENTOS

En la primera iglesia donde ejercí como pastor, había una mujer joven de veintinueve años que, por la expresión de su rostro, parecía que se acercaba un ciclón.

No me sorprendí al enterarme de que estaba muy mal de salud. Su casa era un descontrol, y su aspecto en general era catastrófico. Cuando la saludé al final del servicio, me di cuenta de que era de aquellas personas que ponen la mano floja cuando la estrechan. Le pregunté: "¿Cómo está usted?". Y ella procedió a contarme la reciente historia de su desdicha.

En ese entonces, yo solo tenía veintidós años, pero rápidamente aprendí una lección. ¡Dejé de preguntarle cómo estaba! En cambio, empecé a poner mi mejor sonrisa y, llamándola por su nombre, le decía: "Se ve mucho mejor hoy. Seguramente se siente mejor".

Créelo o no, a los pocos meses se veía mucho mejor y, al parecer, se sentía mejor. Con la ayuda de algunos amigos, sembré la semilla de un pensamiento en su mente que llegó a ser un pensamiento dominante. Y se convirtió en lo que pensó.

¿Qué es la confianza?

Con el tiempo, observé un incremento de la confianza en aquella mujer. Verás que la confianza es compleja en su composición.

Filipenses 4:5 dice lo siguiente: "Vuestra gentileza sea conocida de todos los hombres. El Señor está cerca".

La versión ampliada de la Biblia en inglés, *The Amplified Bible*, traduce la palabra *gentileza* como "generosidad", "amabilidad" y "espíritu sufrido", que también puede traducirse como "ecuanimidad", "sensatez", "mansedumbre", "paciencia" y "benignidad". La palabra también transmite el sentido de "afabilidad de espíritu". Todo esto explica y define el término *confianza*. La persona que tiene confianza es aquella que se caracteriza por una seguridad en sí misma sin presunciones, una conducta digna sin complicaciones. La confianza podría definirse como la paz de Dios expresada en la conducta humana.

¿Cómo desarrollamos confianza? Hay muchas maneras. Pero no vamos a llegar muy lejos a menos que tomemos el control de nuestro proceso mental. Por lo tanto, la confianza requiere primero que dominemos nuestros pensamientos.

Controla tus pensamientos, controla tus sentimientos

"Por lo demás, hermanos, todo lo que es verdadero, todo lo honesto, todo lo justo, todo lo puro, todo lo amable, todo lo que es de buen nombre; si hay virtud alguna, si algo digno de alabanza, en esto pensad" (Fil. 4:8).

"Porque cual es su pensamiento en su corazón, tal es él. Come y bebe, te dirá; mas su corazón no está contigo" (Pr. 23:7).

Ya he dicho que aunque no podemos controlar nuestros sentimientos directamente, podemos controlarlos indirectamente mediante el control de nuestros pensamientos.

Puedes controlar tus pensamientos conscientemente si lo deseas. Sin duda, hará falta que tengas un poco de disciplina. Arnold Bennett, en su espléndido libro *How to Live on Twenty-Four Hours a Day* [Cómo vivir con veinticuatro horas al día], reta al lector a pensar en un asunto dado cada día, al menos quince minutos, sin permitir que la mente se distraiga. Te reto a tratar de hacerlo.

Muchas personas pueden pensar durante quince minutos. Pueden preocuparse durante quince minutos. Pero pocas personas pueden concentrar su atención en un asunto dado (y, podría agregar, digno de consideración) durante quince minutos. Casi sin excepción, después de dos minutos, su mente se habrá desviado a otra cosa.

Para repetir algo que ya he dicho en este libro: no puedes tener pensamientos llenos de temor y, al mismo tiempo, actuar valientemente. Si quieres tener victoria sobre la ansiedad, debes aprender a controlar tus pensamientos. Solo de este modo puedes desarrollar la confianza que vence la preocupación.

Somos lo que pensamos

El antiguo adagio es cierto. En palabras de Marco Aurelio, "La vida de un hombre es lo que sus pensamientos hicieron de esta". Ralph Waldo Emerson afirma esta verdad de otra manera cuando dice: "Un hombre es lo que piensa durante todo el día". Nuestros pensamientos dominantes tienden a exteriorizarse. Aquello que vive en nuestro ser interior tarde o temprano encuentra su manera de expresarse y manifestarse.

Es un viejo truco, pero los chicos en la escuela lo siguen haciendo. Uno se acerca a Fulanito y le dice: "Haces mala cara. ¿Te encuentras bien?". Al rato, otro chico se acerca y le insinúa lo mismo. Y luego un tercero y un cuarto chico hacen lo mismo. Pronto el pensamiento de no estar bien se convierte en el pensamiento dominante de Fulanito, ¡y termina volviendo a su casa enfermo!

Por lo tanto, ten cuidado con lo que dejas entrar a tu mente. Pablo nos instruyó a pensar en lo verdadero. No pienses en lo falso. Si piensas en lo falso, pronto actuarás basado en lo que es falso. Como resultado, tu corazón te condenará, y tus preocupaciones aumentarán.

Piensa en las cosas honestas y dignas de alabanza. De este modo, tus pensamientos inevitablemente comenzarán a manifestarse. Piensa honradamente y vivirás honradamente. Si no puedes describir algo como bueno y honorable, entonces niégate a pensar en ello. Solo contaminará tu mente y socavará tu resolución de vencer tus preocupaciones.

También debes pensar en las cosas puras. Como dijo Pedro, "…ceñid los lomos de vuestro entendimiento…" (1 P. 1:13). Un pensamiento impuro siempre precede a una obra impura. Mantén tus pensamientos puros, y tus obras serán puras. Los pensamientos puros son incompatibles con los pensamientos preocupantes.

Siguiendo con Filipenses 4:8, el apóstol Pablo dijo que pensemos en todo lo que es de "buen nombre", que significa "digno de admiración". La frase también podría traducirse como "grato". Los pensamientos gratos también te hacen libre de la preocupación y la amargura.

Después Pablo agregó: "…si hay virtud alguna, si algo digno de alabanza, en esto pensad". La palabra *virtud* viene de la palabra griega *aresko*, que significa "agradar". Otra vez, aprende a controlar tus pensamientos de modo que se ajusten a lo que agrada. Esto significa que serán pensamientos agradables.

Con la ayuda de Dios, tienes el poder de controlar tus pensamientos. Algunas personas sin darse cuenta invitan a la desdicha, porque permiten pensamientos destructivos en su mente. No usan el discernimiento en la selección de sus pensamientos. Tienen pensamientos de preocupación, temor y ansiedad. En consecuencia, no ven el vaso medio lleno; antes bien, siempre lo ven medio vacío.

Desprecian los rayos de sol del optimismo por las funestas nubes del pesimismo. Salen con la ocurrencia santurrona de: "Siempre espero lo peor, así nunca me decepciono". En cierto sentido, tienen razón. Esperan lo peor y *recibirán* lo peor. Los pensamientos de derrota que dominan tu vida tienden a manifestarse externamente mediante tus acciones, lo cual significa que tus expectativas llegarán a convertirse en una profecía autocumplida. Por consiguiente, tú mismo eres el que crea el monstruo de la autodestrucción.

Piensa sin escuchar a los demás

Ten tu propio modo de pensar. Debes guardarte incluso de los consejos bienintencionados, pero a menudo, negativos y dañinos de familiares y amigos. Puede que tengan buenas intenciones, pero muchas veces no te hacen bien cuando te dicen que no seas tan inflexible contigo mismo.

No dejes tu mente abierta a la influencia negativa de otras personas. Lee la biografía de cualquier personalidad emprendedora —cualquier triunfador— y casi sin excepciones descubrirás que las personas de su círculo íntimo le hacían comentarios desalentadores, le daban malos consejos y eran de influencia negativa y absoluta oposición.

La miseria busca compañía, y puedes estar seguro de que aquellos que se preocupan harán lo imposible para arrastrarte a la bajeza de su nivel. La siguiente historia ilustra bien este concepto.

Había dos granjeros. Uno era pesimista, el otro era optimista.

El optimista decía:

—¡El sol está espléndido!

El pesimista respondía:

—Sí, me temo que va a calcinar la cosecha.

El optimista decía:

—¡Qué buena lluvia!

El pesimista decía:

—Sí, me temo que nos va a inundar.

Un día, el optimista le preguntó al pesimista:

—¿Viste mi perro de caza? El mejor perro de raza del mundo.

El pesimista respondió:

—¿Te refieres a ese perro que está acorralado en el fondo de tu casa? No me parece gran cosa.

El optimista le dijo:

—¿Quieres ir a cazar conmigo mañana?

El pesimista aceptó. Salieron y les dispararon a algunos patos. Los patos cayeron en la laguna. El optimista le dio la orden a su perro que fuera por los patos. El perro respondió obedientemente. Sin embargo, en vez de nadar en el agua, caminó sobre el agua para ir a por los patos.

El optimista miró al pesimista y le dijo:

—¿Ahora qué piensas de eso?

Y el pesimista respondió:

—Mmm, no sabe nadar, ¿no es cierto?

Fortalécete en Dios para controlar tus pensamientos. Procura que se ajusten a su voluntad. Tales pensamientos te llevarán a tener la confianza interior que es una coraza contra la preocupación.

11

DOMÍNATE

Hace cincuenta años, me invitaron a pastorear una iglesia de tres mil miembros, que para ese entonces era considerada una iglesia grande. Durante mi primer año en aquella iglesia, tomé cartas en el asunto y contraté más personas para mi equipo ministerial, incluso un ministro asociado que parecía sumamente calificado.

Un día, durante una reunión privada en mi oficina, dije algo que ahora, por mucho que lo intento, no puedo recordar. Yo estaba sentado detrás de mi escritorio, y el ministro asociado se había sentado en un sillón distante contra la pared. Él malinterpretó lo que yo estaba diciendo y lo tomó como una ofensa personal.

Me miró con desdén y me advirtió: "Sabes, antes era boxeador profesional, y si sigues hablando de esa manera, me veré forzado a hacerte morder el polvo".

Bueno, eso me hizo perder los estribos. Podía sentir que me hervía la sangre. Me levanté muy despacio de mi silla y bordeé el escritorio para acercarme lentamente hasta donde él estaba, lo agarré de la camisa y la corbata, y lo levanté del sillón (él era un hombre mucho más grande que yo). Le hundí mi dedo índice en el esternón y le dije: "Pega el primer puñetazo, y tu madre se arrepentirá de haberte traído a este mundo".

Fue una inmadurez. Una deshonra a Dios. Inexcusable. Él se equivocó al malinterpretarme y amenazarme, y yo me equivoqué totalmente en mi manera de responder.

Él se quedó pálido. Estoy seguro de que dado su tamaño y experiencia, podría haberme vencido. Pero en ese momento, ni él ni yo lo consideramos.

A la mañana siguiente, cuando llegué a la oficina, pregunté por él. No había podido dormir bien, y quería disculparme y pedirle perdón. Él no estaba allí. Después de algunas averiguaciones, me enteré de que a medianoche se había marchado con su familia, y había dejado instrucciones de que una compañía de mudanzas empacara sus cosas y se las enviara a un lugar que no me revelarían.

Pasaron tres años. Durante ese tiempo, cada vez que pensaba en esa experiencia, me sentía mal. Sabía que si seguía pensando en lo que había sucedido, podía caerme muerto de un infarto o un ataque al corazón. Mi sistema cardiovascular no podía tolerar el daño que yo le estaba provocando. (Da la casualidad de que dos buenos amigos míos —hombres de prestigiosos escalafones y grandes logros profesionales— murieron en medio de explosiones de ira similares).

Tres años más tarde, después de mudarme a otra ciudad, mi secretaria ejecutiva me dijo:

—El reverendo tal y tal ha llamado por teléfono para saber si usted aceptaría hablar con él por teléfono.

Yo le dije:

—Por supuesto, he estado tratando de localizarlo.

A las pocas horas, entró la llamada, y mi antiguo ministro asociado dijo:

—Necesito decirte algo.

Lo interrumpí y le dije:

—No, yo debo decirte algo y debo decirlo antes que tú digas una palabra.

Después me disculpé con él de una manera íntegra y contrita, que honrara a Dios. Le pedí perdón. Le dije que el Señor me había perdonado y que quería pedirle perdón a él.

Fue un hermoso encuentro telefónico de larga distancia.

Desde ese entonces, mi deseo de honrar al Señor y mi instinto de conservación se han combinado para controlar cualquier tendencia a estallar de ira. Por supuesto que durante los últimos cincuenta años, me he molestado y enojado, pero nunca me llené de ira como en aquella ocasión y en otras ocasiones anteriores.

Si el Señor no me hubiera dado la victoria en el control de mis emociones, creo que no solo lo hubiera deshonrado, sino que hace tiempo me hubiera muerto.

Nunca cometas el error de desquitarte

Nunca te desquites cuando otros te hacen daño. Al desquitarte podrías forzar a alguien a pagar el precio de su conducta hacia ti, pero tu costo será mucho más grande. La Biblia nos dice que debemos amar a nuestros enemigos (ver Mt. 5:44). Cada vez que odias a tus enemigos, les estás dando potestad sobre tu propia vida. Les estás permitiendo literalmente que te dominen.

Por ejemplo, imagínate que un hombre te ha ofendido. Tú lo aborreces, y tu odio se convierte en una llaga de tu carácter que supura. Lo detestas tanto que ni siquiera lo recibirías en tu casa. No le permitirías fraternizar con tus familiares. No lo invitarías a comer a tu mesa o pasar la noche en tu cuarto de huéspedes.

Sin embargo, mientras estás atareado odiándolo, "lo tienes presente" en tu flujo sanguíneo, tus células cerebrales, las fibras de tus nervios, tus músculos y la médula de tus huesos. De modo que le estás dando poder sobre tu descanso, tu presión sanguínea, tu salud, tu felicidad. Le estás permitiendo que destruya tu cuerpo y trastorne tu desempeño. ¿Qué de bueno tiene esto?

Hace algunos años, la revista *Life* publicó un artículo sobre la hipertensión arterial. Este decía que la principal característica de las personas hipertensas es el resentimiento.

¡Qué alto es el precio por la falta de dominio propio! El resentimiento tiene el costo económico de las cuentas de servicios médicos. Tiene el costo emocional de los nervios destrozados. Tiene el costo de la reducción de tu rendimiento, lo cual deriva en una reducción de tus ingresos. Y tiene el costo doméstico de las peleas con familiares hacia los cuales proyectas tu amargura y desdicha.

¡Qué alto es el precio!

Aprende una lección de nuestro Señor, cuyos pasos debemos seguir, "quien cuando le maldecían, no respondía con maldición; cuando padecía, no amenazaba, sino encomendaba la causa al que juzga justamente" (1 P. 2:23). Bien dijo el sabio Salomón: "Mejor es... el que se enseñorea de su espíritu, que el que toma una ciudad" (Pr. 16:32).

Reflexiona por un momento en la confianza del gran Abraham Lincoln. En la angustia de sus horas más dolorosas, supo tener seguridad en sí mismo. Si no hubiera sido por esta cualidad, sería dudoso que la Guerra Civil hubiera terminado en la victoria del Ejército Federal. Sería muy dudoso que su nombre se hubiera inmortalizado si no hubiera sido por su magnífica habilidad de mantener la calma.

Los hombres del propio gabinete de ministros de Lincoln fueron desleales hacia él, pues en varias ocasiones trataron de desacreditar su nombre. A sus espaldas, lo subestimaban, se burlaban de su limitada educación y se mofaban de su modo de ser pueblerino. Al darse cuenta de que la deslealtad de ellos era personal y, además, que ellos poseían cualidades que los hacían esenciales para nuestra nación, el ex presidente ejerció dominio propio y pasó por alto el cúmulo de ofensas de sus colegas.

Ejerce dominio propio frente a la crítica

Para lograr tener dominio propio, debes aprender a vencer la crítica. No estoy diciendo que deberías tratar de evitarla, pues sería imposible. Tampoco estoy diciendo que deberías someterte a la crítica, pues sería contraproducente. Sin embargo, puedes vencerla si la procesas de la manera adecuada.

Una vez más, sigue el ejemplo de nuestro Señor, que a menudo respondía a las críticas con silencio. Él defendía a otras personas. Defendía la Palabra de Dios. Defendía la obra de su Padre celestial. Defendía a los niños. Sin embargo, ¡nunca se defendió a sí mismo! Por lo general, verás que es sabio no responder a las críticas, aunque te sientas tentado a hacerlo. "Nunca respondas al necio de acuerdo con su necedad, para que no seas tú también como él" (Pr. 26:4).

Pregúntate qué ganas con responder a las críticas. Tus amigos no necesitan una respuesta, porque tú tienes su confianza. En cambio, escucha las críticas con objetividad. No te impliques emocionalmente en estas. A veces puedes sacarles provecho. Si la crítica es justa, haz algo al respecto. Si la crítica es injusta, ignórala.

Por otro lado, si tus enemigos te critican, ¿qué? Eso es lo que hacen los enemigos. Y recuerda que la crítica injusta es a menudo un cumplido con doble intención. Muchas veces indica que has despertado el interés, los celos y la envidia de los críticos. Como dice el antiguo adagio: "Nadie patea a un perro muerto".

Las sabias palabras de mi padre

Mi padre me dio una fórmula para manejar la crítica que me ha dado resultados positivos. Él me decía: "John, cuando alguien te critique duramente, escúchalo con calma y una sonrisa en tu rostro. Cuando ese individuo termine, dile: '¿Eso es todo?'. Sin duda, comenzará otra vez, pero no tan extenso ni tan acalorado como antes. Cuando termine, pregúntale otra vez: '¿Eso es todo?'. Sigue preguntándole lo mismo hasta que el otro no tenga nada más que decir. Puede que él diga con exasperación: 'Bueno, ¿no te parece suficiente?'.

"En ese momento, con calma y una sonrisa, saca de tu aljaba la flecha más precisa y eficaz para silenciar la crítica. Así habrás mantenido la calma y habrás salvado una amistad. Por otro lado, si la crítica es justa, agradécele por ella y pídele su consejo".

Mi papá usó esta metodología con grandes resultados.

Una vez viajó en tren desde Binghamton, Nueva York, hacia Filadelfia, Pensilvania. Estaba sentado al lado de un abogado eminente de Filadelfia, con quien comenzó a conversar. Durante la conversación, el abogado empezó a hacer comentarios acerca de los titulares de los periódicos. Entonces mi padre le dijo:

—A mí me parece que ese acontecimiento podría ser un cumplimiento de la profecía bíblica.

—Disiento —protestó el abogado un tanto nervioso.

—No puede disentir —dijo mi padre.

—Claro que puedo. Soy libre, inteligente y elocuente. Desde luego puedo disentir con usted —dijo el abogado, que ya estaba un poco alterado.

Finalmente, mi padre dijo:

—Yo no dije que a *usted* le parece; sino que a *mí* me parece.

—Oh —dijo el abogado.

No satisfecho de que mi padre ganara la discusión, el abogado dijo:

—Ahora, dígame, reverendo, si Adán nunca hubiera pecado, ¿hubiera sido necesaria la muerte de Jesús en la cruz?

Aunque la pregunta parecía bastante inocente, el abogado estaba entrando en una especie de crítica que intentaba humillar a mi padre.

Mi papá, que había estudiado derecho, pero no se lo había manifestado a su compañero de viaje, dijo:

—Pensé que usted era abogado.

—Lo soy —dijo el abogado contundentemente.

—Bueno —dijo mi padre—, ¿está ejerciendo en la actualidad?

—Sí.

—¿Dónde?

—En Filadelfia. De hecho, ejerzo para la corte suprema del estado.

—¿Y en la corte está permitido formular preguntas hipotéticas? —dijo mi padre.

—Oh —dijo el abogado al darse cuenta de que mi padre había respondido a su interpelación sin responderla.

Es verdad que mi padre estaba provocando un poco al abogado. Pero esa no era su intención, sino hacer una observación sin malicia como parte de lo que parecía ser una plática casual y amena. Si mi padre no hubiera manejado la situación de esa manera, aquella relación se hubiera malogrado.

Cuando hablan mal de ti

En 1965, un destacado evangelista hizo algunas crueles acusaciones contra mí. Sin embargo, él no me conocía tan bien y no tenía bases para tales acusaciones. Yo estaba a punto de agarrar el teléfono y llamarlo (porque la Biblia dice que no debemos permitir que cosas como estas nos exasperen), cuando recibí una llamada de Wichita, Kansas, donde había predicado en una gran cruzada masiva en 1960.

El presidente del comité, que había organizado la cruzada en aquel año, tenía la orden de invitarme a volver a predicar en otra cruzada masiva en esa ciudad. Le dije que me sentía honrado de que me volvieran a invitar a predicar a aquella ciudad importante de los

Estados Unidos, pero que me veía obligado a rechazarla porque tenía la agenda ocupada por los tres próximos años. Entonces me preguntó si podía recomendar a alguien. Le dije que sí, y le recomendé al hombre que me había estado criticando por toda la nación.

Casi una semana más tarde, recibí una carta del comité de Wichita, en la cual me preguntaban: "¿Está usted al tanto de lo que este hombre está diciendo de usted? ¿Está seguro de que debemos invitarlo a predicar?". Llamé por teléfono al presidente y le dije (de manera irónica): "Aunque él no entiende que yo soy una persona maravillosa, como usted y yo sabemos, él es un hombre capaz, un gran predicador, un buen evangelista, y el Señor bendecirá a la ciudad a través de su ministerio".

Basado en mi recomendación, el comité lo invitó a ir a la ciudad. Y así lo hizo. Aunque nunca más lo vi ni supe de él, me enteré de que miles de personas de la zona de Wichita recibieron la influencia positiva de su excelente ministerio.

Sabrás realmente qué piensan los demás, cuando se enojen contigo

Cualquier persona que esté en el liderazgo sabe que las críticas son gajes del oficio. Tienes que tomar decisiones constantemente, y con cada decisión que tomas, siempre hay alguien listo para decirte que has cometido un error enorme.

Los líderes de la iglesia probablemente reciben más críticas que aquellos que desempeñan otras profesiones. Si el ministro se pone un traje negro, los críticos dirán: "¿Quién se piensa que es, el Presidente?". Si se viste informal, los críticos preguntarán: "¿Qué quiere hacer, imitar a una estrella de cine?".

Si tiene cinco hijos, los críticos dirán: "No puede mantener una familia tan grande. ¿Por qué no usa el sentido común?". Si tiene un hijo solo, harán comentarios sarcásticos como: "¿No sabe que la Biblia dice que debemos ser fecundos y multiplicarnos?".

Si visita a los pobres, dirán que está presumiendo. Si visita a los ricos, dirán que está siendo político.

Si conduce un automóvil de lujo, dirán que debería conducir uno más económico. Si conduce un automóvil económico, dirán:

"¿Qué quiere hacer, quiere avergonzarnos y hacer que los demás piensen que no le pagamos bien?".

Si predica cuarenta minutos, dirán que es cansador. Si predica veinte minutos preguntarán: "¿Qué pasa, no estudió durante la semana?".

Si viaja para ir a predicar a otra ciudad, se quejarán: "Debería quedarse a cuidar de su rebaño". Si nunca viaja, chillarán: "¿Qué pasa, nadie lo quiere escuchar?".

Cuando entré al ministerio, mi padre me dio algunos buenos consejos. Me dijo: "John, escucha lo que dicen las personas cuando están enojadas. Lo que dicen es lo que realmente piensan".

Vamos a decir que un hombre se sale de sus casillas y dice cosas desagradables. Después que se calma, vuelve y dice: "En realidad no quise decir eso". ¡Por supuesto que lo quiso decir! Si no lo hubiera pensado, no lo hubiera dicho, pues la Palabra de Dios aclara que "...de la abundancia del corazón habla la boca" (Mt. 12:34). Esas palabras y esos pensamientos no salieron de la nada. Estaban previamente en su corazón.

Aunque no soy discípulo del psicólogo Sigmund Freud, creo en los denominados errores freudianos. Si una persona me escribe una carta a mano y tacha una palabra para escribir otra, puedo llegar a estar de quince a veinte minutos sosteniendo la carta a contra luz para tratar de descifrar la palabra tachada. Es muy probable que la primera palabra fuera lo que realmente quiso decir el que la escribió.

Desde luego, hay otra lección aquí. La crítica dura puede provocar una respuesta dura de tu parte. Sin embargo, cuando respondes a la crítica con indignación, te arriesgas a perder el control de tus facultades. Tus pensamientos podrían estar equivocados, tus decisiones podrían ser poco sabias, y podrías terminar lamentándote por tus palabras.

Como resistir en el momento crítico

Déjame contarte un pequeño hábito que he desarrollado y me ha servido bastante.

Como he admitido, soy muy irascible por naturaleza. Después de todo, soy mitad sirio, y las personas de esa parte del mundo no son famosas por ser flemáticas. Cuando Dios me llamó al ministerio, me recalcó que por su gracia debía dejar que Él tuviera el control total de mi espíritu si quería ser un embajador eficaz del Tribunal celestial.

He memorizado y meditado en 2 Timoteo 2:24-25: "Porque el siervo del Señor no debe ser contencioso, sino amable para con todos, apto para enseñar, sufrido; que con mansedumbre corrija a los que se oponen, por si quizá Dios les conceda que se arrepientan para conocer la verdad".

Ahora bien, esto es lo que yo hago cuando estoy a punto de perder los estribos ante la provocación de la crítica injusta: hago el esfuerzo consciente de escuchar con objetividad. Miro al individuo que está desahogando su ira contra mí. Pero no lo veo, pues me imagino que soy un elefante enorme que camina por la calle. En el bordillo de la acera (y, a veces suelo pensar, en la alcantarilla), hay una pequeña hormiga que está escupiendo al elefante.

¿Ridículo? Exactamente. Pero me ayuda a tener sentido del humor. Ahora bien, ¿se siente el elefante amenazado por la hormiga? Desde luego que no. ¿Se detiene el elefante a discutir? Desde luego que no. El elefante sigue caminando serenamente.

Todo lo que puedo decir es que este método para mí es infalible, y no tengo los derechos de autor sobre él. Esto me mantiene en completa posesión de mis facultades para poder pensar clara y rápidamente, hablar con juicio y actuar con sabiduría. En una ocasión, un estadista norteamericano citó un refrán: "Nunca pierdas los estribos, a menos que lo hagas a propósito". Este es un refrán que da qué pensar.

Volvamos a Abraham Lincoln por un momento. Mientras él ocupaba la Casa Blanca, algunos charlatanes, "lenguas viperinas" y "asesinos de la reputación" hicieron correr el rumor de que él estaba viviendo con una mujer negra. ¿Qué hizo el Presidente? Nada. ¡Este hombre que estaba seguro de sí mismo había aprendido que si peleas con una mofeta, podrías ganarle, pero terminarías oliendo espantosamente!

Una relación vital con Dios a través de Cristo redundará naturalmente en dominio propio. Cuando tienes dominio propio, rehúsas responder a las críticas de mala manera, con presunción, arrogancia, rencor y venganza. En cambio, respondes con el amor que no es compatible con el temor que produce la preocupación:

> "En el amor no hay temor, sino que el perfecto amor echa fuera el temor; porque el temor lleva en sí castigo. De donde el que teme, no ha sido perfeccionado en el amor" (1 Jn. 4:18).

12

MUESTRA ENTUSIASMO

Una vez tuve el privilegio de tener una entrevista con Ray Jenkins, el brillante abogado de Knoxville, Tennesse, que presidió el juicio de Army-McCarthy en Washington, D. C. en la década de 1950. Durante el transcurso de la conversación, le pregunté cuál era su fórmula para el éxito de su oratoria. Él mencionó varias cosas, pero una prevalece en mi mente. Me dijo: "Nunca hables de un tema acerca del cual no estés totalmente entusiasmado".

La emoción es motivadora

El entusiasmo es un ingrediente indispensable de la confianza. Algunos pseudointelectuales podrían poner objecciones el entusiasmo y afirmar que todo lo que hacemos responde tan solo a un frío razonamiento. Yo creo sencillamente que la mayoría de las cosas que hacemos responde a impulsos emocionales más que a impulsos intelectuales. No amo a mi esposa como resultado de una teoría intelectual acerca de ella. Más bien la amo debido a un impulso emocional.

Del mismo modo, tú no compras una póliza de seguro de vida como resultado de un cálculo detallado de las probabilidades de morir durante los próximos cinco años. Sin duda, los cálculos forman parte de tu decisión, pero el primer estímulo es estrictamente emocional. Piensas que tu familia puede quedar desamparada y en necesidad con insuficiencia de recursos materiales. Y esta reacción emocional es la que te lleva a comprar una póliza de seguro de vida.

O piensa en un partido de fútbol. Allí no encontramos ninguna diferencia entre el comportamiento de un espectador con una educación de tercer grado y el que tiene varios títulos universitarios. Ambos responden emocionalmente, con entusiasmo, cuando su equipo hace un gol.

Uno de mis pasatiempos es leer libros sobre técnicas de venta. Tengo una colección de más de cincuenta de estos libros. Sin excepción, cada uno de ellos explica que el entusiasmo es una cualidad esencial para el éxito de un vendedor.

Los líderes del mundo siempre han sido hombres y mujeres de entusiasmo. Hasta Adolf Hitler conocía el poder del entusiasmo. Su fórmula al hablar era: "Dilo de manera simple. Dilo muchas veces. Dilo con pasión". En parte, gracias a esta perspectiva, el dictador de origen austríaco llegó a ser una figura mundial que no podría ignorarse.

Pablo, el apóstol, era un hombre de entusiasmo, como sus propios comentarios autobiográficos de Gálatas 1:14 y Hechos 22:3 lo confirman. Él era tan entusiasta respecto al evangelio que algunas personas de Corinto lo acusaban de estar loco (ver 2 Co. 5:13).

Deberían combinarse la fe y el entusiasmo

La persona que nunca se asombra de nada, nunca hace nada asombroso.

Esto explica por qué la obra del Señor sufre tanto en todas partes. Miles de personas que profesan una relación con Dios a través de Jesucristo, al parecer, no han logrado entender lo que Cristo ha hecho por ellas y cuáles son sus privilegios en Él. Por eso tienen cara larga cuando van a la iglesia el domingo por la mañana. Se podría desmotivar al equipo de futbol más grande de la nación tan solo llenando las gradas durante cuatro partidos consecutivos con los miembros de las congregaciones típicas del domingo a la mañana. No es ninguna sorpresa que otros sistemas de creencias —tales como la Nueva Era y el islam— sigan propagándose rápidamente, mientras que la fe cristiana no logra ir al mismo ritmo que el incremento de la población mundial.

No es difícil encontrar personas con pasión por el cine, la ópera, la moda, el surf o los juegos de computadora. Pero a veces es más difícil encontrar la misma clase de respuesta emocional para con el evangelio de Cristo. El próximo domingo cuando vayas a la iglesia, observa a la persona típica cuando entra. Y verás que camina arrastrando los pies, con la cara por el piso. Después se sienta, y la cara le llega hasta el banco. Se ve tan feliz como el símbolo de sustancia venenosa con la calavera y los huesos cruzados en un frasco de yodo. Con razón no ha ganado a nadie para Cristo.

Recuerda: no puedes actuar de una manera y sentir de otra. Cuando actúas amargamente, terminas siendo una persona amargada. Algunos que profesan la "religión" han hablado de esta por tanto tiempo de manera tan negativa, que aquellos que han recibido su influencia han llegado a ver la religión como una ruina.

He escuchado acerca de un hombre que entró a la recepción de un hotel y se paró al lado de otro hombre junto al mostrador del recepcionista. El hombre miró al que estaba a su lado por un momento, y después no pudo dejar de preguntarle:

—¿Es usted un predicador?

—No —respondió el otro hombre—. ¡Estoy recuperándome de una enfermedad!

Y puedo entender perfectamente a la pequeña muchacha que después de la escuela dominical, llegó a casa y acercándose a Betty, la mula, le acarició con cariño la cara larga y le dijo: "Que Dios te bendiga, Betty; tú debes ser una muy buena cristiana. Te ves igual que la abuela".

La falta de entusiasmo no solo destruye la obra del Señor, sino que también destruye la felicidad en el hogar, el éxito en los negocios, el hacer y mantener amigos, y los logros en cualquier ámbito.

El entusiasmo produce pasión

No hay tal cosa como una personalidad equilibrada que prescinda de entusiasmo. No hay tal cosa como una relación social satisfactoria que prescinda de entusiasmo. Tú cosechas lo que siembras. Si siembras viento, cosecharás un torbellino. Si siembras una expresión inexpresiva, eso es exactamente lo que otros te devolverán. Pues lo que das recibes a cambio, solo que en mayor grado. Este es un hecho confirmado tras muchos años de observación.

Como la Biblia dice sabiamente: "todo lo que te viniere a la mano para hacer, hazlo según tus fuerzas; porque en el Seol, adonde vas, no hay obra, ni trabajo, ni ciencia, ni sabiduría" (Ec. 9:10). El entusiasmo es como el vapor. Se presuriza, se potencia, propulsa a la acción. Hay muchas personas que nunca se entusiasman por nada; por consiguiente, nunca logran nada. Su vida se torna inerte, negativa y aburrida.

Tú y yo conocemos personas que se quejan constantemente de no poder dormir bien. Se quejan de levantarse cada mañana tan cansados como cuando se acostaron. Pero ¿qué sucede cuando planifican algo que realmente quieren hacer: un día festivo o una jornada de pesca? Se despiertan antes que suene la alarma a las cuatro de la mañana, ¡y se sienten geniales! ¿La explicación? ¡El entusiasmo! Todas las cosas son proporcionales, y la persona que es entusiasta produce el doble de trabajo que la persona apática.

El entusiasmo es la clave del éxito profesional

Jamás se ha logrado nada extraordinario sin entusiasmo. Observa a los grandes líderes de la industria, las grandes figuras de los medios de comunicación, las grandes personalidades de los deportes. A todos, sin excepción, los motiva el entusiasmo. Se enfocan en aquello que los motiva, y la fuerza de esa motivación irrumpe en un excelente rendimiento.

Sin duda, algunas personas parecen haber nacido con una capacidad mayor de entusiasmo que otras. Pero esto no significa que no puedas cultivar el entusiasmo en tu vida. Tú puedes desarrollarlo. Concéntrate en una meta importante hasta que el cumplimiento de esa meta sea una obsesión.

Los vendedores que tienen éxito vibran de entusiasmo. Su creencia entusiasta en el producto que venden aumenta la fuerza de sus ventas. Los músicos que triunfan transmiten entusiasmo. ¿Quién puede mirar al gran director de una de las orquestas más importantes del mundo y no sentir el entusiasmo que lleva a esa persona a la prominencia? Yo sostengo que el éxito es imposible sin entusiasmo.

Si tú realizas tus responsabilidades cotidianas con un espíritu apático e indiferente, desprovisto de entusiasmo, te puedo decir aquí mismo y ahora que estás condenado, en el mejor de los casos, a la mediocridad y, en el peor de los casos, al fracaso. No solo eso, sino que el fracaso te provocará ansiedad y preocupación, y la ansiedad y la preocupación tratarán de capitalizar el fracaso y hacer de este la característica constante de tu vida. Te estarás enterrando en un pozo.

Puedes ser entusiasta en todo lugar y en toda circunstancia

Recuerda que no puedes centrarte al mismo tiempo en dos pensamientos opuestos. Cuando estás entusiasmado, te concentras en los pensamientos positivos que dejan afuera los temores y las preocupaciones. No importa cuántas cosas parezcan estar saliendo mal en tu vida.

Mira, por ejemplo, de cuántas cosas podría haberse quejado el apóstol Pablo:

> "De los judíos cinco veces he recibido cuarenta azotes menos uno. Tres veces he sido azotado con varas; una vez apedreado; tres veces he padecido naufragio; una noche y un día he estado como náufrago en alta mar; en caminos muchas veces; en peligros de ríos, peligros de ladrones, peligros de los de mi nación, peligros de los gentiles, peligros en la ciudad, peligros en el desierto, peligros en el mar, peligros entre falsos hermanos; en trabajo y fatiga, en muchos desvelos, en hambre y sed, en muchos ayunos, en frío y en desnudez; y además de otras cosas, lo que sobre mí se agolpa cada día, la preocupación por todas las iglesias" (2 Co. 11:24-28).

¿Estaba Pablo preocupado? ¿Estaba agobiado? ¡No! El entusiasmo divino lo hacía libre de la autocompasión y la preocupación. Piensa en la confianza que tenía como resultado de cultivar el entusiasmo:

> "…estamos atribulados en todo, mas no angustiados; en apuros, mas no desesperados; perseguidos, mas no

desamparados; derribados, pero no destruidos... Por tanto, no desmayamos; antes aunque este nuestro hombre exterior se va desgastando, el interior no obstante se renueva de día en día. Porque esta leve tribulación momentánea produce en nosotros un cada vez más excelente y eterno peso de gloria" (2 Co. 4:8-9, 16-17).

13

RELÁJATE

A finales de la década de 1970, mi joven colega, Dr. Michael Youssef, y yo estábamos esperando que despegara el vuelo retrasado de *Pan American* desde Miami hacia Río de Janeiro. Nuestro destino era Sao Paulo, donde yo debía dar un seminario al día siguiente. Finalmente, a las once de la noche, el avión comenzó a carretear sobre la pista. Miré a Michael y le dije: "Voy a encender mi luz y leer un poco".

En lo que me parecieron ser solo algunos minutos más tarde, me di cuenta de que el avión todavía estaba carreteando sobre la pista. Miré a Michael y le dije:

—¿Y cuándo vamos a despegar?

—Estamos en Caracas, Venezuela —respondió él—. Te has quedado tan profundamente dormido desde que salimos de Miami, que ni siquiera pudimos despertarte para la comida.

Estuvimos sobre el suelo de Caracas por una hora. Después me dormí las cuatro horas desde Caracas hasta Río de Janeiro. Hicimos una rápida combinación de vuelo a Sao Paulo. Me lavé la cara, me afeite y me peiné. Cuando desembarcamos en Sao Paulo, estaba listo para un día repleto de actividades.

Michael dijo:

—Jefe, estoy dispuesto a viajar a todos lados con usted, pero la próxima vez, voy a partir dos días antes.

Le dije lo que le digo a personas de todo el mundo:

—Una de las mejores inversiones de disciplina y esfuerzo que puedes hacer es aprender a relajarte. Descansa bien, ya sea que duermas ocho horas seguidas o que dormites seis horas repartidas a lo largo del día. Haz lo que más te convenga, pero asegúrate de hacerlo.

Este secreto me ha permitido soportar las demandas de un ministerio global. Tenía más energía a los cincuenta y dos años que a los veintisiete.

Incluye la relajación en tu agenda

La confianza y la relajación van de la mano como el pan y la mantequilla o el jamón y los huevos. No puedes tener confianza si estás tenso. Pero, de la misma manera, no puedes relajarte y preocuparte al mismo tiempo.

Aprende a trabajar bajo presión sin trabajar bajo tensión. Esto es posible si tienes descansos periódicos en medio de tus actividades. Los descansos no necesariamente significan inactividad. El descanso podría ser simplemente un cambio de actividad. Es así como funciona tu corazón, ¡y tu corazón debe seguir funcionando! ¿Sabías que en un lapso de veinticuatro horas tu corazón bombea suficiente sangre a todo tu cuerpo como para llenar un vagón de tren? Cada día realiza tanto esfuerzo como el que se necesita para amontonar veinte toneladas de gravilla a una plataforma de la altura de tu cintura.

Muchas personas dicen: "No puedo relajarme; tengo demasiado para hacer". Si piensas que puedes intentar excusar tu tensión de esta manera, ¡olvídalo! Nadie ha tenido que cargar, en lo más mínimo, con las responsabilidades que tuvo que sobrellevar nuestro bendito Señor. Si alguien ha tenido un motivo para estar tenso, ha sido Él. Sin embargo, siempre estaba relajado, aun cuando sus enemigos lo buscaban para matarlo (Lc. 4:28-30). Él iba de un lugar a otro con tranquilidad y sin prisa. ¿Puedes imaginarte a nuestro Señor frenético y acelerado?

Es indudable que Jesús tomaba su trabajo en serio: "Me es necesario hacer las obras del que me envió, entre tanto que el día dura; la noche viene, cuando nadie puede trabajar" (Jn. 9:4). Pero mantenía su propio ritmo.

En ocasiones cuando otros trataban de presionarlo, Jesús decía básicamente: "Mi tiempo aun no ha llegado. El tiempo no se ha cumplido". Jesucristo es nuestro ejemplo de confianza y relajación. Fíjate cuando dice: "...Venid vosotros aparte a un lugar desierto, y descansad un poco..." (Mr. 6:31).

El mensaje es claro: ¡descansa o te agotarás! Es muy fácil vivir acelerado, gobernado por una agenda de trabajo implacable, y permitir que la falta de alimentación, ejercicio y descanso socave tu eficacia. Siempre es una excusa fácil decir que estás ocupado. Pero estar demasiado ocupado puede redundar en un estado de tensión nerviosa constante; un excesivo aumento bioquímico que no puedes estabilizar, hasta que las circunstancias te superan. Enfócate en los resultados, no en la actividad.

La Biblia nos recuerda:

> "Por nada estéis afanosos, sino sean conocidas vuestras peticiones delante de Dios en toda oración y ruego, con acción de gracias" (Fil. 4:6).

Seguir tu propio ritmo puede duplicar tu eficiencia

En toda la naturaleza, hay un ritmo, un compás. Las plantas se reproducen en su estación, y los seres humanos en su generación. Hay un ritmo, un compás, en todas las funciones de la naturaleza: en el aire que respiramos, en la fluctuación de la marea, en la salida y en la puesta del sol. Una de las características de un músico aficionado es que no le da la debida atención al descanso.

Al parecer, Thomas Edison podía subsistir con cuatro horas de sueño al día. Sin embargo, tenía la capacidad de "dormitar" a casi cualquier hora del día o de la noche. De modo que estaba relajado todo el tiempo.

Cuando era joven, leí un estudio de un psicólogo de Nueva York, el Dr. David Seabury, que me llevó a pensar en este asunto más seriamente. Él decía que necesitamos descansar por el bien del cuerpo y dormir por el bien de la mente. Además decía que el hombre que está libre de tensiones psíquicas subsiste con menos sueño que el hombre que está estresado.

El último año que el Dr. Robert G. Lee fue Presidente de la Convención Bautista del Sur (la denominación protestante más grande de la nación), tenía más de sesenta y cinco años. Durante aquel año, recorrió 240.000 km y supervisó la edificación de un auditorio que costó más de veintiún millones de dólares en 2009. También recibió a más de mil doscientos miembros nuevos en la iglesia bautista de nueve mil miembros de Bellevue en Memphis, Tennessee, de la cual era pastor.

Uno de sus miembros, un destacado cirujano de Memphis, Dr. J. Murray Davis, me dijo que el secreto del rendimiento del Dr. Lee era su capacidad de relajarse. El Dr. Davis me dijo: "Es increíble cómo mantiene este hombre semejante ritmo a pesar de sus años". Después el cirujano me relató este incidente de la vida del Dr. Lee:

> Un domingo a la mañana, fui a hacer mis visitas al hospital a las seis de la mañana. Y el Dr. Lee ya estaba en el hospital haciendo visitas también. Más tarde aquella mañana, tuvo a cargo la clase de nuestra escuela dominical y después, a las once de la mañana, pronunció uno de sus sermones más excepcionales. Inmediatamente después del servicio de la mañana, tomó un vuelo chárter a Longview, Texas, donde a la tarde dio un discurso de graduación. Voló de regreso a Memphis a tiempo para hablar en una asamblea especial de la Asociación de Capacitación Bautista en nuestra iglesia. Después predicó el mensaje de la reunión de evangelización de las siete y media. Tras la bendición del servicio de la tarde, salió para el aeropuerto, donde abordó un avión para California. Voló toda la noche y el lunes a la tarde predicó en una importante convención en California.

¡Qué ritmo! Y recuerda que ya estaba en edad de jubilarse.

Durante más de un cuarto de siglo, el Dr. Lee hizo un promedio de once visitas al día. Predicó en su propia iglesia un mínimo de tres veces a la semana y tuvo a cargo la clase de escuela dominical cuarenta y cuatro domingos a lo largo de todo el año. Cuando cumplió cuarenta años, había conseguido que una iglesia de mil trescientos miembros pasase a tener más de nueve mil; al mismo tiempo que viajaba para predicar fuera de su propia ciudad casi con tanta frecuencia como un evangelista.

¿El secreto? Sabía cómo relajarse. Sabía cómo mantener su propio ritmo. Trabajaba bajo presión sin trabajar bajo tensión.

La relajación ayuda a las personas mayores a tener un alto rendimiento

Adquiere el ritmo de una vida exitosa. Cuando trabajas, trabaja. Cuando descansas, descansa.

Cuando mi padre tenía sesenta y dos años, pastoreaba una activa iglesia en el estado de Nueva York. Dormía apenas unas horas a la noche. Caminaba tres kilómetros al día. Era uno de los mejores jugadores de pádel de Binghamton, Nueva York, y todos sus rivales tenían menos de treinta y cinco años. Cuando cumplió sesenta años, jugó un partido de tenis de dos sets. ¿Cómo lo hacía? Sabía cómo relajarse.

En varias ocasiones, cuando visitaba a mi padre, él se sentaba en su silla mecedora de respaldo alto. Justo en medio de nuestra conversación, me decía: "Discúlpame, hijo. Voy a dormitar algunos minutos". Entonces apoyaba la cabeza en el respaldo de la silla y dormía tal vez unos siete minutos, luego abría sus ojos otra vez, descansado y despabilado, y decía: "Bueno, ¿dónde estábamos?".

La mayoría de los grandes triunfadores tiene la costumbre de dormir una siesta en algún momento del día. Se ha comprobado que una persona funciona mejor con seis horas de sueño a la noche y una hora de sueño a la tarde, que con ocho horas de sueño a la noche y ningún descanso durante el día.

Cuando era joven, me di cuenta de que si quería ser productivo, tenía que dominar la capacidad de relajarme y dormir. Perseveré en ello asiduamente. A finales de la década de 1960, abordé un vuelo de Seattle a Tokyo. El entonces Presidente de *World Vision*, Dr. Ted Engstrom, estaba en el mismo vuelo. Él me dijo:

—John, me dicen que tú puedes dormir como un bebé en estos vuelos, y ni siquiera tomas una píldora para dormir. No lo puedo creer.

—Bueno, Ted, le agradezco a Dios por ello, porque es verdad —dije sonriendo abiertamente.

Nuestro vuelo despegó. Nos sirvieron la cena, después leí el diario y hojeé una revista. Como a la hora y media de haber despegado de Seattle, me acosté sobre los tres asientos contiguos y apoyé mi cabeza sobre tres almohadas justo debajo de la ventanilla. Dormí profundamente hasta que faltaba una hora y media para llegar a Tokyo. Ted no lo podía creer.

No podría haber soportado mi agenda de actividades a lo largo de los pasados cuarenta años si no hubiera aprendido el secreto de la relajación. En aquel entonces, hice ciento tres viajes alrededor del mundo; escribí quince libros y cientos de textos para folletos, cartas de peticiones y artículos de revistas; alcancé un promedio de casi un sermón al día; administré una organización con oficinas en cada continente habitado; y mantuve mis hábitos de estudio y responsabilidades personales.

Si no hubiera sido por mi capacidad para relajarme, en este momento sería una persona desgastada física y emocionalmente. A una edad en la que algunos ya hace veinte años que se jubilaron, doy gracias a Dios que todavía puedo desenvolverme con mucha energía y vitalidad. ¿La clave? La capacidad de relajarme.

La relajación es el componente vital de la confianza. El cultivo de la tensión y del frenesí producirá grandes brotes de preocupación en tu vida. Por lo tanto, pídele a Dios que te ayude a tener confianza por medio de la relajación.

14

PLANIFICA TU TRABAJO

Durante la década de 1970, los coreanos presbiterianos me invitaron a ser el evangelista de la Cruzada de Revolución Espiritual de la Séptima Década. El presidente de dicho acontecimiento era el Dr. Kyung Chik Han, pastor de la iglesia presbiteriana más grande del mundo: Iglesia Young Nak (que significa "gozo eterno") de Seúl. El esfuerzo evangelístico duró tres semanas, con una semana en cada una de las ciudades de Pusan, Taegu y Seúl.

Durante veintiún días, tuve el honor de estar en la compañía de este distinguido líder mundial. Dos veces despojado de todos —literalmente *todos*— sus bienes terrenales, el Dr. Han había conocido el flagelo de la cruel ocupación de Japón en la década de 1940 y el terrorismo ateo de Corea en los años cincuenta.

Lo que aprendí del Dr. Han

En 1956, junto a veintisiete refugiados norcoreanos, el Dr. Han fundó la Iglesia Young Nak. Apenas terminaron la estructura exterior del nuevo santuario, los norcoreanos cruzaron el paralelo 38 e invadieron Seúl, desplazando a los coreanos defensores de la libertad hacia el Sur, casi hasta el mar. El nuevo santuario fue usado por los norcoreanos como un depósito de municiones.

El Dr. Han y sus colaboradores fundaron otras tres iglesias Young Nak durante su exilio en el Sur. Cuando regresaron a Seúl en 1953, la obra continuó, y las estadísticas dejaron perplejo al mundo cristiano. La membresía ascendió a más de dieciséis mil para el año 1972. Se fundaron más de cien iglesias hijas. Además, el Dr. Han y sus colegas fundaron escuelas, orfanatos, asilos de ancianos, colonias de verano, instalaciones y dependencias para retiros espirituales y ministerios especiales entre los grupos militares. De gran calidad fue el ministerio del Dr. Han.

Sin embargo, este estimado hombre nunca parecía estar fastidiado o acelerado. Durante tres semanas, lo observé para ver si mostraba alguna señal de molestia o impaciencia, pero nunca lo vi de esa manera. El Dr. Han se reunía con sus colaboradores cada día a las cinco de la mañana para orar por una hora. ¡Qué manera de comenzar el día!

La vida del Dr. Han era un modelo de buen rendimiento para Cristo. Él era un maestro calificado en la mayordomía del tiempo. Lo he escuchado dar conferencias sobre el tema. Mejor aún, lo he observado poner sus enseñanzas en práctica. A tal grado programaba su tiempo —a tal grado planificaba su trabajo y trabajaba sobre la base de su plan— que podía cumplir responsabilidades gigantescas.

El Dr. Han sabía que Dios le había dado tiempo suficiente para realizar todo lo que estaba dentro de la voluntad divina para su obra en Corea. En total dependencia del Espíritu Santo, hacía las cosas tranquila y productivamente. Siempre relajado y tolerante, le transmitía su estado de ánimo a aquellos que trabajaban con él.

La vida del Dr. Han era una sinfonía de confianza. La atmósfera de su hogar la convertía en un atrio celestial. La comunión con este hombre de Dios impartía su propia bendición especial.

La vida acelerada de nada sirve

La vida en el siglo xxi es cada vez más frenética. Los viajes rápidos, los teléfonos móviles y el correo electrónico nos han hecho más accesibles que antes. Hacemos las cosas más rápido. Hacemos más cosas. Hay más cosas para hacer. Y es muy fácil perder la confianza bajo la presión del trabajo.

Cuando programas tus actividades, das grandes pasos hacia la victoria en este aspecto. La programación derrota el frenesí y la aceleración, pues trae regularidad a tu estilo de vida e impone un orden en aquello que, de otro modo, sería una existencia caótica continua. La aceleración es sintomática de una mente débilmente organizada. Sin programación y organización, estarás más acelerado y cometerás errores, y eso te llevará al desaliento y la tensión.

Déjame sugerirte que leas la autobiografía de Benjamín Franklin. Él habla de sus esfuerzos para adquirir trece virtudes. Tenía más de ochenta años cuando escribió su autobiografía y, en ese momento crucial, tuvo que admitir que el orden fue la única virtud que nunca pudo conquistar. Probablemente es uno de los hábitos más difíciles de perfeccionar.

Sin embargo, el orden es muy importante.

Hay una historia que cuenta los intentos de fuga en un hospital psiquiátrico del estado de Illinois. Un día, uno de los pacientes cruzó el portón de la calle corriendo a gran velocidad. Los empleados de ordenanza lo alcanzaron, lo atraparon y lo llevaron de vuelta al hospital. Al día siguiente, otro paciente hizo exactamente lo mismo con el mismo resultado. Aquello pasó durante diez días consecutivos con diez pacientes diferentes. Ahora bien, si los diez pacientes hubieran escapado al mismo tiempo y hubieran corrido en diferentes direcciones, probablemente nueve de ellos hubieran escapado. La falta de esfuerzos coordinados frustró sus planes.

Planifica tu trabajo y trabaja sobre la base de tu plan

Pídele a Dios que te dé sabiduría para planificar tu trabajo, luego pídele su gracia para poder trabajar sobre la base de tu plan. El Señor está cerca, por ello, clama a Él por la sabiduría y la gracia que necesitas.

Dios impulsó a Nehemías a planificar la reedificación de los muros de Jerusalén. Él lo condujo en la hazaña aparentemente imposible de organizar a los obreros y los recursos para poder finalizar la obra frente a una oposición muy atroz. Del mismo modo, el Señor te ayudará a ti, si así lo deseas, pero clama a Él para que puedas planificar tu trabajo y trabajar sobre la base de tus planes de tal manera que cumplas la instrucción divina de estar "...creciendo en la obra del Señor siempre..." (1 Co. 15:58).

La fatiga está causada mayormente por el aburrimiento. Cuando no tienes un orden —cuando no programas tus actividades—, careces de la noción del logro cumplido. Por el contrario, cuando programas sabiamente tus actividades bajo la dirección del Espíritu Santo y estás llevando a cabo tus responsabilidades según el programa, te sientes naturalmente motivado. No hay nada más motivador que la noción de las responsabilidades bien cumplidas, y no hay nada más desalentador que la noción de las responsabilidades incumplidas.

Enumera tus obligaciones al comienzo del día. A medida que las cumples, ve tachándolas. Y cuando llegues al final del día, experimentarás la satisfacción de cinco, diez, quince o veinte obligaciones cumplidas con éxito.

Pablo nos anima a "[aprovechar] bien el tiempo, porque los días son malos" (Ef. 5:16). Por la gracia de Dios y con su fortaleza, cumpliremos con nuestra responsabilidad de aprovechar bien el tiempo. De este modo, venceremos la preocupación por medio de la confianza y la programación.

El Señor nos da la capacidad y el tiempo para hacer todo lo que Él espera que hagamos. Nosotros tenemos la obligación —y el privilegio— de utilizar estos recursos de Dios para que podamos cumplir su voluntad en nuestra vida. Y a su vez, ese cumplimiento honrará a Dios y alejará la ansiedad. Padre, ayúdanos a vivir de tal modo que —como hizo el Señor cuando estuvo en la tierra— podamos decir: "...he acabado la obra que me diste que hiciese" (Jn. 17:4).

15

CULTIVA INTERESES VARIADOS

En 1993, el director de cine Derek Jarman produjo un largometraje en el cual la pantalla permanecía con un matiz azul desde el principio hasta el final de la película. Se llamaba —adivinaste— *Blue* [Azul]. Aunque algunos críticos lo elogiaron, no resulta muy apasionante estar sentado en un cine y mirar una pantalla azul durante toda la proyección de una película. Incluso es pesado para los ojos.

Fuimos hechos para la variedad. Nos nutrimos de la variedad. Y como en la cinematografía, así es en la conversación. Las personas que hablan en un mismo tono no imponen respeto por parte de los demás ni atraen su interés. El proverbio: "La variedad es la sal de la vida" es muy cierto.

Pablo tenía otros intereses fuera del evangelio

¿No parece blasfemo sugerir que Pablo tenía intereses fuera del evangelio? ¿Cómo es posible que Pablo, el gran apóstol, que estaba tan comprometido con la misión evangelística, pudiera tener otro tipo de intereses?

Sin embargo es evidente que los tuvo. El apóstol Pablo no solo era predicador, sino que también era un especialista en la lógica. Al parecer también estaba interesado en el atletismo, porque en las epístolas hizo varias referencias a los deportes. Además, su referencia a los poetas griegos en Hechos 17 sugiere que tenía conocimientos de poesía.

Sin duda, nadie puede negar que Pablo fue también un experto en el entendimiento de la naturaleza humana. Y sus intereses no le restaban mérito a su misión. Antes bien, lo calificaban más para comunicar lo que realmente importaba: las buenas nuevas de la salvación de Cristo.

De igual modo, el rey David era un deportista, un poeta, un músico, un militar y un filósofo. Y ¿quién podría evaluar a conciencia la multiplicidad de intereses de su hijo Salomón?

> "Y compuso tres mil proverbios, y sus cantares fueron mil cinco. También disertó sobre los árboles, desde el cedro del Líbano hasta el hisopo que nace en la pared. Asimismo disertó sobre los animales, sobre las aves, sobre los reptiles y sobre los peces" (1 R. 4:32-33).

En este versículo, se puede ver que Salomón era un hombre sabio, un músico, un poeta, un horticultor, un experto en la cría de animales, un ornitólogo, un entomólogo y un experto en la pesca. Probablemente, si no hubiera sido una buena compañía, la reina de Saba no hubiera viajado desde tan lejos para verlo.

O toma el ejemplo de nuestro Señor. Estudia sus parábolas, y concluirás que Él no solo sabía lo que había en lo más íntimo del corazón humano, sino que conocía la clase de vida que vivían las personas que lo rodeaban. Dado que Jesús sabía bien sobre estas cosas, podía hablar fácilmente con hombres y mujeres de cualquier trasfondo social y étnico. Todos lo escuchaban con interés. Y pudo atraer la atención tanto del educado Nicodemo como de los pescadores comunes y corrientes, y de la mujer de mala reputación de Samaria.

Poseer una variedad de intereses nos ayuda a mantener el equilibrio esencial de tener confianza. Nos ayuda a tener un sentido de la perspectiva y favorece nuestra comunicación. Asimismo nos dota de una gran experiencia, que es una de las dádivas de Dios para la humanidad.

La Biblia nos enseña que deberíamos cultivar activamente tales intereses. Por ejemplo, cuando Pablo se vio obligado a salir de Berea

debido a la persecución, no fue a Atenas y se quedó cabizbajo y medi-
tabundo sin hacer nada, sino que se mantuvo ocupado. En Atenas
iba a la plaza a escuchar el diálogo de los filósofos. Estudiaba los
hábitos de comportamiento de los atenienses. Y allí descubrió qué
les interesaba y los motivaba.

Este estudio dio fruto rápidamente. No pasó mucho tiempo
antes de que los atenienses insistieran en que Pablo fuera al Areópago,
a la cima de la colina de Ares, donde solo se les permitía hablar a los
grandes oradores y a las celebridades. Allí predicó el sermón más
magistral jamás predicado por hombre alguno; excepto por el Señor,
por supuesto. El interés en la variedad de la vida le aportó el contenido a la comunicación de Pablo.

Nadie le puede dar la totalidad de la honra a Dios si sus intereses
se encuentran dentro de los límites de un ámbito estrecho y específico. Sin una variedad de intereses, no se puede retener la atención
de nadie por mucho tiempo.

La variedad te ayuda a ser equilibrado, incluso en el púlpito

Sé por propia experiencia que las presiones de los ministros religiosos son extremas. Ellos están de servicio las veinticuatro horas del
día, los siete días de la semana. Nunca tienen la satisfacción de saber
que todo está hecho. Siempre hay otra persona que visitar, otra carta
que escribir, otro mensaje que preparar.

Además, son los directores ejecutivos de sus organizaciones y tienen que encargarse de cualquier cantidad de asuntos interpersonales
delicados, y no solo son responsables del personal pagado, sino de
un gran conjunto de líderes y trabajadores voluntarios. No es ninguna sorpresa que un artículo publicado por la prensa de los Estados
Unidos fuera titulado: "¿Por qué los ministros están sufriendo colap-
sos nerviosos?".

Cada vez más, veo que los grandes ministros a cargo de pastora-
dos difíciles no solo sobreviven, sino que fortalecen su ministerio al
mantener vivos otros intereses. Por ejemplo, el brillante predicador
de Louisiana, Dr. James W. Middleton, atravesó suficientes tribulaciones como para alterar los nervios de cinco hombres robustos.
En medio de su ministerio metropolitano, una grave enfermedad en

su garganta, que requería una intervención quirúrgica, lo alejó del púlpito por casi un año. Este contratiempo puso todo su ministerio en peligro. Sin embargo, volvió a retomar extraordinariamente la proclamación de la Palabra de Dios; un logro que se explica en gran medida por el variado espectro de sus intereses, los cuales incluían la horticultura, la caza y la pesca.

El Dr. Roy O. McClain, ex pastor de la Primera Iglesia Bautista de Atlanta, Georgia, y seleccionado por la revista *Time* como uno de los diez pastores más destacados de los Estados Unidos en 1957, parecía pasar cada hora libre perfeccionando sus facultades como orador y comunicador. Sin embargo, tenía varios pasatiempos, entre los cuales estaba la cría de caballitos poni de las Shetland, la pintura, la carpintería y tocar el órgano. Para él estos pasatiempos eran esenciales. Le daban una total confianza como líder de la congregación más grande de Georgia para ese entonces.

Nunca es tarde para empezar

Siempre envidié a las personas que hacían esquí de competición. Yo quería aprender a esquiar, pero sentía que no podía invertir dinero y sabía, sin lugar a dudas, que tampoco podía invertir tiempo en ello. Sin embargo, finalmente decidí ponerme la meta de aprender a esquiar a los sesenta y tres años. Cuando cumplí esa edad, me fui en avión a Alemania y viajamos en coche con el señor John Bolten a Hopfgarten, Austria. Durante las dos semanas y media siguientes, disfruté la excelencia profesional del campeón legendario de esquí de Austria.

Después de siete días de entrenamiento, pude esquiar por la pendiente más empinada de la montaña de Hopfgarten. Antes de marcharme, mis amigos austríacos me dieron una cinta de video hecha por el Departamento de Instrucción de Esquí de Austria para que, durante los meses de verano, pudiera practicar los diversos movimientos que se presentaban.

Esta fue la primera vez que participé de una actividad atlética a la cual consagré seriamente mi energía, mi entusiasmo y mis recursos. Puedo decir con franqueza que resultó ser más eficaz para el fortalecimiento de mi confianza y paz interior que cualquier otra cosa que jamás había hecho. Mi amigo y compañero de esquí, Hank Bronson, un hombre de negocios de Chicago, fue un total ejemplo para mí. Él sabe cómo relajarse en medio de la dirección de una empresa líder.

Además no puedes descender por una pendiente empinada de esquí y pensar en otra cosa que no sea esquiar. Es una manera extraordinaria de forzarte a dejar de lado la multitud de pequeños problemas que te agotan la energía al llegar a la oficina o leer el periódico matutino.

Ahora bien, no estoy sugiriendo que hagas lo mismo. Estoy sugiriendo que encuentres una actividad equivalente que te entusiasme y apasione; un pasatiempo que te ayude a relajarte y que refuerce tu confianza interior. Podría ser la cocina. O el teatro. O lanzarte por una catarata en una balsa de goma. No tiene que ser algo complejo o costoso. Lo que importa es que lo hagas.

Trabajar puede ser un juego

Para algunas personas, la variedad parece significar volver del trabajo y desplomarse en el sillón frente a la televisión. A decir verdad, no le sacan mucho provecho a la vida de ese modo.

Evita la pasividad como si fuera una plaga. En Marcos 6:31, cuando Jesús les dijo a los apóstoles: "...Venid vosotros aparte a un lugar desierto, y descansad un poco...", no se acostaron debajo de un olivo y durmieron. Antes bien, fueron a comer y después hicieron diferentes tipos de actividades. La variedad tiene que ver con encontrar otras formas de desahogo y expresión, no de reprimirse. Jesús siempre estaba ocupado en los negocios del Padre; simplemente variaba el modo de su actividad.

El famoso empresario industrial mundialmente conocido, R. G. LeTourneau, tuvo una vez una importante cita en su planta de Toccoa, Georgia. Mientras iba en un vuelo a Georgia, el piloto del avión de LeTourneau descubrió que el tren de aterrizaje estaba atascado. El piloto se comunicó por radio con el personal del aeropuerto de Anderson, Carolina del Sur y les avisó acerca del problema. Las ambulancias y cuadrillas de rescate se desplazaron rápidamente hacia el aeropuerto. Las agencias de noticias llegaron para cubrir el suceso. Y el avión hizo un buen aterrizaje de emergencia.

Pero cuando LeTourneau salió del avión, sus primeras palabras no hicieron ninguna referencia a lo que había sucedido. En realidad, dijo: "¿Dónde está el automóvil? Se me hace tarde para mi cita en Toccoa. ¿Me pueden conseguir un automóvil inmediatamente?".

Eso es tener confianza.

Una vez le pregunté a LeTourneau cuándo se tomaba vacaciones. Él dijo: "Nunca me tomo vacaciones. Mi trabajo es un juego para mí, y no se necesita tomar vacaciones del juego". He aquí un hombre que, a través de Cristo y una sabia autodisciplina, aprendió a tener la confianza que vence la preocupación.

16

VIVE EL PRESENTE

El ayer es un cheque cobrado que ya no se puede negociar. El mañana es un pagaré que todavía no se puede utilizar. El hoy es dinero efectivo en mano. Úsalo sabiamente.

El compositor D. W. Whittle comprendió esta verdad en 1893, cuando escribió:

> Cada momento la vida me da;
> cada momento conmigo Él está.
> Hasta que llegue su gloria a ver,
> cada momento le entrego mi ser.

El problema de muchas personas es que en vez de mirar a Jesús, miran hacia el futuro y esperan que las circunstancias cambien a su favor. Qué trágico desperdicio de oportunidades. El salmista nos dice: "Este es el día que hizo Jehová; nos gozaremos y alegraremos en él" (Sal. 118:24). El reconocido locutor de radio, Lowell Thomas, se hizo un cuadro con estas palabras, que colgó en el estudio de radio de su hacienda, para tenerlas presente en todo momento. Si las convicciones de tu corazón se pueden resumir en este versículo, es imposible que vivas preocupado.

No tiene sentido vivir en el pasado. Pablo tenía el hábito de "...[olvidar] ciertamente lo que queda atrás..." (Fil. 3:13). Todas tus responsabilidades y oportunidades están aquí mismo, en el presente. Así que, vive al máximo en todo momento. Ponle toda tu atención al trabajo que tienes a mano, a la persona con quien estés hablando o tratando. El Señor sólo nos concede tiempo aquí y ahora. Puedes utilizar cada momento una sola vez.

Dios te dará lo que necesitas hoy

Muchos dicen: "Si tan solo esto o aquello cambiara, podría lograr mis metas".

¡Tonterías! Dios te da hoy exactamente lo que necesitas hoy.

La Biblia ilustra perfectamente este principio en relación con el maná que Dios le dio al pueblo de Israel cuando estaban en el desierto. Lee el pasaje:

> "Esto es lo que Jehová ha mandado: Recoged de él cada uno según lo que pudiere comer; un gomer por cabeza, conforme al número de vuestras personas… Y los hijos de Israel lo hicieron así; y recogieron unos más, otros menos. Y lo medían por gomer, y no sobró al que había recogido mucho, ni faltó al que había recogido poco; cada uno recogió conforme a lo que había de comer. Y les dijo Moisés: Ninguno deje nada de ello para mañana. Mas ellos no obedecieron a Moisés, sino que algunos dejaron de ello para otro día, y crió gusanos, y hedió" (Éx. 16:16-20).

Los israelitas necesitaban alimento, y lo querían para ese día, el día después y el día siguiente. Pero el Señor les proveyó un suministro diario. Él no envió el maná en sacos con cantidad suficiente para siete días. Si alguno recogía más de lo que necesitaba para el día, las sobras se pudrían. El principio es sencillamente este: el sustento de Dios te llega ahora, en este preciso momento. No puedes volver a vivir este día, por lo tanto debes aprovecharlo al máximo. Dios ya te ha dado los recursos para hacer lo que sea que quiera que hagas ¡hoy!

Jesús vivió y trabajó en el "presente"

También aquí el Señor es el ejemplo. Él vino a la tierra para morir. Su muerte y resurrección le hicieron posible establecer un reino; no un reino de este mundo, sino un reino espiritual. Jesús dijo: "...Yo para esto he nacido, y para esto he venido al mundo..." (Jn. 18:37).

La persecución y la muerte lo acechaban constantemente; mas Jesús vivía un día a la vez, y jamás permitió que la pena, la tortura o el dolor le quitaran su perfecta confianza. Los niños pequeños se deleitaban en su compañía, y quienes conversaban con Él eran conscientes de que le interesaban sus problemas. Es más, el Señor dijo: "Mi hora aún no ha llegado". En otras palabras, Jesús vivía cada momento, un día a la vez. ¡Observa su confianza inigualable!

No vivas siempre en el futuro. Es cierto que como cristiano, debes aguardar la esperanza bienaventurada y la manifestación gloriosa de Jesucristo (ver Tit. 2:13). Pero mientras aguardas, no desatiendas tus tareas actuales. Vive de tal manera que no te avergüences de encontrarte con Jesús, el día que venga.

En Hechos 1:6 los seguidores de nuestro Señor le preguntaron: "...Señor, ¿restaurarás el reino a Israel en este tiempo?". Observa la respuesta de Jesús: "...No os toca a vosotros saber los tiempos o las sazones, que el Padre puso en su sola potestad; pero recibiréis poder, cuando haya venido sobre vosotros el Espíritu Santo..." (Hch. 1:7-8).

Nuestro Señor les respondió a los discípulos y les mostró que la mejor manera de prepararse para el futuro era vivir el presente guiados por el Espíritu. La prueba de que un hijo de Dios está esperando la segunda venida de Cristo es su fidelidad al vivir el presente para la gloria de Dios.

El *principio del hoy* se aplica en todo el mundo

El filósofo y escritor francés Michel de Montaigne dijo: "Mi vida ha estado colmada de terribles desgracias, la mayoría de las cuales nunca ocurrieron". Muchos de nosotros podríamos decir lo mismo. Qué absurdo es que desperdiciemos nuestras oportunidades y derrochemos los privilegios del presente, que se escurren a gran velocidad.

John Ruskin tenía sobre su escritorio un pedazo de roca que tenía cincelada una palabra: HOY.

El médico y autor sir William Osler nos da un gran consejo cuando dice: "Deja de preocuparte por el futuro, disfruta cada momento y

cada trabajo asignado… Toma en serio los pequeños trabajos que tienes a la mano… nuestro claro deber es 'no fijarnos en lo que vemos
vagamente a la distancia, sino hacer lo que esté a nuestro alcance'".

¡Así es, vive el presente! El pastor Richard Baxter nos dejó un
sabio consejo al decir: "No uses tu tiempo en nada de lo que puedas
llegar a arrepentirte; en nada por lo que no buscarías la bendición de
Dios; en nada que no puedas evaluar con una conciencia limpia en
tu lecho de muerte; en nada que no sea seguro o provechoso cuando
la muerte te sorprenda".

La mayoría de tus aflicciones ha quedado del ayer o la has
tomado "prestadas" del mañana. En la dinámica del Espíritu Santo,
decide vivir hoy para la gloria de Dios. Recuerda: este es el día que
hizo el Señor. Pablo nos alienta a que aprovechemos bien el tiempo,
porque los días son malos (Ef. 5:16). Dios te ha dado el presente. Ha
borrado todo tu pasado, y todo tu futuro aún está en sus manos.

Vivir el "presente" por 24 años

Anteriormente, he contado que el Señor nos bendijo en gran
manera con un hijo precioso.

Uno de los ginecólogos más reconocidos de la nación fue quien
lo trajo al mundo. De una forma trágica, este hombre —superado
por el dolor en su vida— buscó respuestas en una botella de *whisky*
en vez de buscarlas en la bendita Biblia. Dado el estado de ebriedad
del médico en el momento del parto, nuestro pequeño nació con
varios huesos quebrados. Le desgarraron una de sus piernas, y sufrió
una hemorragia cerebral en el proceso.

Durante su primer año de vida, ocho médicos dijeron que no
sobreviviría. Hasta los dos años, mi esposa tenía que alimentarlo
cada tres horas mediante un dispositivo especial de alimentación.
Le llevaba media hora prepararlo para la alimentación, y otra media
hora para limpiar todo y colocarlo de nuevo en su cama. Durante
todo ese tiempo, mi esposa no salió de casa para distraerse ni siquiera
una vez. Y nunca pudo dormir más de dos horas seguidas.

Mi esposa, antes conocida como Christine Barker de Bristol,
Virginia, en una ocasión, fue aclamada como una de las cantan-
tes contemporáneas más extraordinarias de los Estados Unidos por

algunos de los músicos más destacados de la nación. Desde los trece años, había sido una cantante popular y estaba constantemente expuesta al ojo público. ¡Ella vivió la experiencia de recibir y rechazar algunas ofertas exorbitantes con ganancias aun más exorbitantes, para casarse con un aspirante a pastor bautista que ni siquiera tenía una iglesia!

Después, a los cinco años de matrimonio, nos ocurrió esta tragedia. Todo aquel episodio era absolutamente innecesario. Después de una vida de servicio público, Christine se encontraba ahora aislada dentro de las paredes de nuestra casa. Su hermosa voz ya no embelesaba a la audiencia con la historia de Jesús; ahora se había silenciado o, en el mejor de los casos, reducido al tenue tarareo de las canciones de cuna.

De no haber sido por la madurez espiritual de Christine, a través de la cual se aferró a Dios para vivir un día a la vez, esta desgarradora experiencia le habría causado desde hacía mucho tiempo una crisis emocional.

Nuestro pequeño, John Edmund hijo, vivió veinticuatro años y falleció en 1975. Nos regocijamos porque él entregó su corazón y su vida a Jesucristo, y dio testimonio de un genuino interés por "las cosas" del Señor. Le atribuyo su entrega a Cristo y su maravilloso estado de ánimo a la alegría de vivir de una madre emocionalmente madura, centrada en Jesús, que llegó a dominar la disciplina de vivir en el presente.

Las personas que conocen a Christine coinciden en que, a pesar de haber soportado el dolor más intenso jamás imaginable, todavía tiene esa vivacidad que bien podría ser la envidia de cualquier estudiante de escuela secundaria, además de una alegría y un encanto por los cuales cualquier joven pagaría gustosamente una fortuna.

No dejes que otros vivan el presente por ti

Aprovecha el día. Vive el presente. Sácale el jugo a cada oportunidad.

¿Tienes problemas? Los demás también e incluso Pablo, quien dijo: "...de buena gana me gloriaré más bien en mis debilidades, para que repose sobre mí el poder de Cristo" (2 Co. 12:9).

Vive *tú* el presente. No permitas que otros lo vivan por ti. No dejes que los demás te presionen ni determinen la forma en que pasas el tiempo. No permitas que otros te comprometan a una vida social u otras actividades inútiles.

Si quieres mantener una vida social, si eso contribuye a tu bienestar social sin imponerte presiones contraproducentes, hazlo. No obstante, estoy horrorizado por la vida social excesiva y superficial y, aún más, por las actividades improductivas a las cuales las personas libres se esclavizan. Permiten que su mente se divida entre estas dos preguntas: "¿Debería ir?" y "¿Qué van a pensar de mí si no voy?". Toma el control de tu vida. Puedes ir o no, pero debes definirte.

Debido a que tantas personas se dejan esclavizar por una vida social y actividades superficiales, nunca leen un libro, memorizan un poema o toman aquel curso nocturno que se habían propuesto tomar en la universidad. En conclusión, se privan de aquellas cosas que realmente contribuyen a su vida.

Vive el presente por tus hijos

Desdichadamente, nuestra sociedad ha desarrollado dos tipos extremos de padres: aquellos que abusan de sus hijos, y aquellos que están atados a ellos. En ambos casos, puedo asegurar que la causa principal es una mente dividida, y en ambas situaciones, los niños sufren.

Tomemos el caso de los padres que están atados a sus hijos. Estos padres no quieren que sus hijos caminen desde la puerta de entrada hasta la despensa. ¡Ellos tienen que llevarlos! Que ellos salgan a correr para estar en forma está bien; pero que los niños salgan a caminar está mal. Estos padres se han propuesto, cualquiera sea el costo, a ser espectadores de cada actividad en la que el niño participe. En consecuencia, en los últimos diez años, hemos tenido un incremento del cincuenta por ciento en la obesidad infantil en los Estados Unidos. El cuerpo médico, por unanimidad, atribuye esto a demasiada televisión y muy poco ejercicio.

¿Cuántos niños conoces que tengan la responsabilidad de hacer tareas domésticas? ¿Aunque sea hacer sus camas, ayudar a lavar la vajilla o el automóvil, cuidar el jardín o ayudar en la limpieza de la casa? Sigo sosteniendo que, en muchos casos, los padres tienen una mente dividida entre lo que saben que deberían hacer y lo que los demás están haciendo en la sociedad.

Participé de un enérgico y agradable debate con un hombre de Yorkshire, Inglaterra, que dijo:

—Cuando visito su país, me horroriza que tantas personas no puedan decidirse por sí mismas.

—¿De qué está hablando? —protesté.

—Le daré el ejemplo perfecto: Juan le pregunta a su madre si puede ir a cierta función. Entonces, su madre toma el teléfono y llama a las madres de todos los compañeros de Juan para averiguar qué van a hacer. Después de haber pedido la opinión a las madres de los compañeros, sus padres le dicen a Juan qué resolvieron. Qué terrible manera de criar a un hijo. Están creando una atmósfera de indecisión que, con seguridad, tendrá un efecto negativo en el chico.

Protesté rotundamente, pero en mi mente sabía —más de lo que quería admitir— que lo que había dicho era cierto.

¿Y por qué las personas actúan de esta manera? Porque tienen la mente dividida entre sus responsabilidades como padres y su miedo a quedar fuera de tono con los demás. En conclusión, no viven el presente. Dejan que el presente —y los demás— se aprovechen de ellos. Y eso no contribuye a una buena salud mental, una buena estabilidad emocional o una serena vida en el hogar.

Podrás desarrollar una mayor confianza cuando te propongas hacer un buen uso del tiempo y, con la guía de Dios, lo reestructures en obediencia y lo tomes como tu criado, no como tu amo.

La salud es asimismo otro ámbito en el cual las personas se vuelven esclavas del presente, en vez de vivir el presente. Un amigo me contó que su madre había vivido preocupada durante cuarenta años por la posibilidad de morir de cáncer. Pero falleció a los setenta y tres años de neumonía. Es trágico. Ella desperdició cuarenta años de su vida preocupada por la conjetura incorrecta. A lo largo de aquellos años, les transmitió depresión en vez de gozo a sus amigos más cercanos y miembros de su familia. Durante cuarenta años, dividió su mente y su tiempo entre una ocupación provechosa y su preocupación por el cáncer. Durante cuarenta años, su testimonio y la prueba de su fe en Cristo se vieron disminuidos tan solo porque se negó a vivir el presente al máximo y para la gloria de Dios.

Léelo de nuevo: "Este es el día que hizo Jehová; nos gozaremos y alegraremos en él" (Sal. 118:24).

Deja de preocuparte por el ayer y el mañana. Vive el presente al máximo y gózate en él.

17

DESARROLLA UNA DESTREZA

El predicador M. E. Dodd dijo una vez: "Muchos distorsionan un tono tocando un organillo cuando deberían estar tocando un órgano de tubos de cuatro teclados. Muchos se conforman con jugar a hacer tortas de barro cuando deberían estar haciendo tortas de repostería. Muchos están gateando cuando deberían estar corriendo. Muchos están construyendo chozas cuando deberían estar construyendo edificios".

Es cierto. Si quieres desarrollar la confianza que vence la preocupación, entonces haz todas las cosas lo mejor que puedas y aprende a dominar alguna destreza.

Primera Corintios 10:31 dice: "Si, pues, coméis o bebéis, o hacéis otra cosa, hacedlo todo para la gloria de Dios". Por lo tanto, si hemos de glorificar a Dios, debemos dar lo mejor de nosotros mismos. No hay lugar para la mediocridad en la vida de un hijo de Dios. El Señor se merece y exige lo mejor de nosotros.

> Escucha el llamado del Maestro: ¡Dame lo mejor de ti!
> Pues, sea mucho o poco, esa es su prueba.
> Por ello debes dar lo mejor de ti, no por recompensa
> ni alabanza de los hombres, sino del Señor.
>
> No esperes que los hombres te alaben, no pienses en su
>   menosprecio;

¡recibir una sonrisa de Dios es lo que trae satisfacción!
Pensar en lo bueno y verdadero nunca es infortunado,
demos lo mejor de nosotros en todo lo que pensemos o
hagamos.

La noche marcha a su paso, el día pasa a gran velocidad:
los obreros y la obra deben enfrentarse a una dura prueba.
Oh, que podamos encontrar paz en la prueba, la dulce paz,
que Dios ha prometido a quienes dan lo mejor de sí.

La destreza es esencial para la confianza

El orador que se ha sometido a una rigurosa disciplina hasta perfeccionar el arte de la oratoria está seguro de sí mismo cuando habla.
El orador que no ha pagado el precio de la disciplina y se para detrás
del púlpito o el atril sin mucha preparación, carece de confianza; y
si tiene un poco de discernimiento, se atormentará al pensar en lo
confusa que ha sido su presentación.

La ansiedad causada por la falta de preparación es totalmente
innecesaria y puede suprimirse tan solo pagando el precio de desarrollar la destreza precisa. Esto es cierto, independientemente de la
profesión de una persona: un médico, un abogado, un vendedor, un
artesano, un artista, un cocinero. Es inexcusable que una persona
que profesa ser cristiana no dé lo mejor de sí, pues esa persona tiene
los recursos para lograr un verdadero profesionalismo.

Es lamentable que hoy día haya tan pocos músicos realmente
excelentes. Tan pocos oradores excelentes. Tan pocos expertos financieros excelentes. Tan pocos inventores excelentes. Sin embargo,
gracias a Dios que todavía hay individuos que están dispuestos a
remontar el vuelo como las águilas, aunque sepan que volarán solos.
Para la gloria de Dios y por su propia tranquilidad espiritual, están
dispuestos a hacer el máximo esfuerzo de subir la escalera del rendimiento hasta el último peldaño.

Un tiempo atrás, tuve una entrevista con uno de los mejores profesores de oratoria de los Estados Unidos. Él me mostró siete páginas
de ejercicios vocales básicos, los cuales, para mi asombro, dijo que

había practicado diariamente durante cuarenta años. Este hombre no puede tolerar la mediocridad.

El gran pianista Ignacy Paderewski practicó simples ejercicios con sus dedos varias horas al día durante muchos años. No es ninguna sorpresa que haya podido cautivar al mundo musical y, por cierto, al simple ciudadano, con su destreza incomparable.

Thomas Edison hizo cientos de experimentos antes de desarrollar exitosamente la bombilla eléctrica. Mientras estaba trabajando en ello, un científico de Inglaterra dijo que la bombilla eléctrica era algo imposible, y que cualquiera que dijera lo contrario era un embaucador. Pero Edison, que detestaba la mediocridad, siguió haciendo todo lo posible hasta que el éxito coronó sus esfuerzos.

El ministro puritano Matthew Henry trabajó varias horas al día durante cuarenta años en la producción de sus comentarios bíblicos. En la actualidad, más de trescientos años después, su colección de comentarios bíblicos sigue siendo muy popular y se encuentra entre los recursos que consultan muchos pastores. ¿Por qué? Porque Matthew Henry dio lo mejor de sí para Dios.

Jesús contó una parábola acerca de un hombre que comenzó a edificar una casa, pero nunca la terminó (Lc. 14:28-30). Nuestro Maestro detestaba las cosas a medio hacer.

Por años, William Jennings Bryan practicó incesante y laboriosamente el arte de la oratoria. Nunca ganó un concurso de oratoria. No obstante, siguió practicando. Siendo relativamente desconocido, asistió a la Convención Nacional Democrática que se llevó a cabo en el coliseo de Chicago en 1896. Ya había pasado la medianoche. Las personas estaban cansadas. Muchos se estaban yendo. Él subió a la plataforma y pronunció su famoso discurso "La cruz de oro".

Ese discurso, pronunciado tan magistralmente por un hombre que nunca había ganado un concurso de oratoria, catapultó a Bryan a la posición de líder del partido demócrata. En menos de veinticuatro horas, se había convertido en una figura nacional. Este poderoso hombre de Dios había llegado a dominar la mecánica del oficio al que Dios lo había llamado, y la historia de su vida es un espléndido trofeo y un admirable monumento para la gloria de Dios.

Muchas veces no hacemos todo lo que podemos

La tranquilidad espiritual depende de saber que contamos con la aprobación divina. Y no hay confianza como aquella que acompaña el dominio de una destreza en el poder de Dios. Cuando no le damos lo mejor de nosotros a Él, no le damos la máxima honra y gloria a su nombre. Y tomar consciencia de este fracaso nos produce ansiedad y conflicto interno.

Cualquiera que sea tu punto de vista personal acerca de la televisión, pienso que debes estar de acuerdo en que el nivel de profesionalismo de los actores y artistas presenta uno de los reproches más incisivos a la desidia de los líderes de la iglesia. Actores y artistas trabajan día y noche para ser profesionales en la industria del espectáculo.

Cuando yo era joven, imperaba en la televisión la cantante Kate Smith. Se sabía que por cada cuatro horas que aparecía en la pantalla, pasaba dieciocho horas en preparación. En ese entonces, ella salía al aire cinco horas a la semana. Para cinco horas de espectáculo televisivo, trabajaba gustosamente noventa horas para llevar a los espectadores los programas más profesionales que podía producir. Y no lo hacía por razones económicas, porque en esa época, supuestamente, era más que millonaria.

Cuando se trata de dar lo mejor de nosotros mismos, los cristianos no tenemos excusas. En Filipenses 4:13 Pablo escribió: "Todo lo puedo en Cristo que me fortalece". Tú tienes todos los recursos necesarios para hacer lo que Dios pide de ti. Y cuando cumples su llamado, adquieres la confianza que vence la ansiedad.

Aprende a hacer al menos una cosa mejor que nadie

Es verdad que a todos nos gusta hacer aquello que sabemos hacer mejor. Los muchachos en la escuela secundaria disfrutan más los deportes que saben jugar mejor. La maestra se siente más segura y confiada en la materia que le gusta y en la que tiene amplios conocimientos.

Es menos probable que te preocupes, si sientes que controlas lo que estás haciendo. La preocupación es resultado de una mente dividida. Cuando estás haciendo lo que te gusta, tu mente está ocupada en una cosa. "Una cosa hago", dijo Pablo (ver Fil. 3:13). Dwight L.

Moody señaló que la mayoría de las personas de la actualidad tendría que decir, en cambio, "Estas cincuenta cosas hago a medias".

El legendario director de orquesta Leonard Bernstein hizo espectáculos de televisión para jóvenes. Durante una hora entera, mantenía fascinada a una audiencia de cientos de jóvenes en un estudio de televisión y cautivaba a millones de televidentes. Él estaba absorto por completo en lo que hacía. Obviamente lo disfrutaba. ¿Por qué? Porque es probable que haya sido el profesor de música más importante del mundo en cuanto a presentar música ante las masas. A él le gustaba hacer esto porque había llegado a dominar la destreza de hacerlo bien. Al concluir aquella hora, los televidentes podían observar que Bernstein estaba casi exhausto, pero sumamente feliz. Estaba seguro de sí mismo.

¿Has notado esto alguna vez? Quizás en una fiesta o un picnic, hayas visto a alguien que parecía totalmente indiferente, al margen de lo que se estaba desarrollando, y que se negaba a participar de las actividades. Hasta que se propuso un juego o un deporte, y con la sola mención de aquello, a ese individuo se le iluminaron los ojos. Entonces se lanzó a participar de ese juego o deporte con todas sus ganas. Evidentemente era diestro en aquella actividad. Y dado que estaba haciendo algo que sabía hacer, su cuerpo se llenó de vida, su rostro recobró el brillo, y su conversación se tornó animada y entusiasta.

En conclusión, comenzó a mostrar toda la evidencia de estar seguro de sí mismo. Su destreza en aquella actividad particular le permitió participar sociablemente en el grupo. Su mente ya no estaba dividida. Sus intereses ya no estaban dispersos. Había encontrado su lugar, porque podía emplear una destreza que había llegado a dominar mejor que cualquiera de las personas que allí estaban.

La satisfacción de una destreza empleada

Cuando Bedan Mbugua de Kenya asistió a nuestro curso sobre liderazgo cristiano avanzado en Singapur, era un vendedor farmacéutico. Sin embargo, de repente se le ocurrió una idea. Vislumbró la posibilidad de publicar una revista que comunicara el evangelio de Jesucristo a personas que posiblemente nunca fueran a la iglesia o se interesaran en las cosas religiosas.

Cuando regresó a Kenya, se dedicó a buscar su objetivo. En menos de tres años, la revista que estaba produciendo superaba las ventas de la revista *Time* y *Newsweek* en cinco naciones africanas, entre ellas Nigeria. Posteriormente, transfirió la titularidad y producción de la revista a otra entidad, y comenzó otra publicación.

La historia de Bedan ha sido una historia de éxito cada vez mayor. A él le gusta lo que hace. Y le gusta por una razón: porque es bueno en eso. ¡De igual modo, se podría decir que es bueno en eso porque le gusta!

Insisto en que nos gusta hacer lo que sabemos que hacemos bien. Bedan Mbugua es entendido en la edición de revistas. No solo entiende los menesteres de la redacción, la edición y la demografía de las áreas donde intenta vender, sino que también entiende el aspecto empresarial, las técnicas de mercadeo y los diversos elementos esenciales para la producción de una revista de influencia.

Si quieres vencer la preocupación, disciplínate hasta el punto de llegar a ser profesional en el ámbito al cual Dios te ha llamado. Por tu propia tranquilidad de espíritu, sobresale al menos en una cosa. Reúne tus recursos, consolida todas tus aptitudes, dirige toda tu energía y enfoca todas tus capacidades en llegar a dominar al menos una especialidad.

Este es un antídoto infalible para la mente dividida. Deja de dispersar tus esfuerzos. Deja de hacer esfuerzos a medias con el objeto de ser excelente en todo. Constata cuál es la voluntad de Dios para tu vida. Pídele que te ayude y te fortalezca, y cree que todo lo puedes en Él. Esmérate por el profesionalismo y pronto experimentarás la confianza que elimina la preocupación como resultado de tu destreza.

18

AMA EL TRABAJO

La persona que dijo: "He descubierto la manera de empezar bien el día: volver directamente a la cama", lamentablemente estaba muy equivocada. Estar ocioso te somete a pensamientos destructivos, impulsos peligrosos y presiones externas riesgosas. Todas estas cosas contribuyen a la ansiedad.

El mismo Jesús dijo: "Me es necesario hacer las obras del que me envió…" (Jn. 9:4). También dijo: "…Mi Padre hasta ahora trabaja, y yo trabajo" (Jn. 5:17). El trabajo es de origen divino. Es acertado el antiguo adagio que dice: "Una mente ociosa es el taller del diablo".

Medita en la aflicción que la ociosidad le trajo al rey David. Cuando debería haber estado en la batalla, se quedó en la casa y se lo tomó con calma. Mientras holgazaneaba en el palacio, vio un espectáculo que estimuló sus pasiones sexuales. Y mientras seguía holgazaneando, pensó y especuló en lo que había experimentado, hasta que se corrompió en un pecado de codicia y luego adulterio. Estos pecados, a su vez, derivaron en el asesinato de Urías, el esposo de Betsabé. Al poco tiempo, toda aquella aventura amorosa fue conocida por todo el pueblo.

¡Qué digno ejemplo de ansiedad! No me cabe duda de que, en algún momento, David hubiera preferido morirse que vivir con el dolor y la ansiedad que le produjo la cosecha de su pereza.

El amor al trabajo de Pablo

El apóstol Pablo había sido perseguido con hostilidad en Berea, y fue necesario que huyera a Atenas, ¡solo! Allí podría haberse escondido en alguna habitación privada y haber sentido autocompasión. Podría haber cavilado en el maltrato que había sufrido por hacer la obra del Señor. Podría haber dicho: "He estado trabajando día y noche en Tesalónica y predicando fielmente en Berea. Ahora me lo voy a tomar con calma".

Pero Pablo no hizo eso. Inmediatamente, comenzó a investigar en qué estado se encontraba Atenas. Después de ponerse al corriente del estado de esta metrópolis intelectual, comenzó a predicar en la sinagoga a los judíos y, cada día, entre las personas piadosas de la plaza (Hch. 17:16-17).

Pronto el ministerio de Pablo atrajo el interés de los filósofos, los epicúreos y los estoicos, quienes le pidieron que diera un discurso acerca de su filosofía. Él podría haber respondido: "Oh, no. Me apedrearon hasta que me dieron por muerto en Listra. Me golpearon y me encarcelaron en Filipos. Y acabo de ser víctima de maltrato en Berea, precisamente por esto: por predicar el evangelio del Hijo de Dios, a quien sirvo".

Sin embargo, Pablo no era de esta estirpe. Lejos de compadecerse, les predicó el evangelio de salvación. En respuesta al pedido de ellos, subió las escalinatas de piedra del Areópago, el antiguo centro de Atenas, desde cuyos asientos de piedra semilunares algunos jueces habían condenado a Sócrates a la muerte cuatrocientos años antes. Puesto de pie en ese lugar, el embajador del Juez de la tierra probablemente predicó el sermón más espectacular que haya salido de los labios de un hombre mortal.

Una diligente preparación caracterizó cada faceta del ministerio de Pablo. Tan pronto como Dios lo rescató en Damasco, inmediatamente Pablo comenzó su preparación en Arabia y luego en Jerusalén, a fin de desarrollar la destreza necesaria para llevar a cabo la obra a la cual Dios lo había llamado (piensa en esto desde la perspectiva de los capítulos anteriores). En Atenas, Pablo les habló a los líderes intelectuales del mundo. Las leyes de esta ciudad condenaban a muerte a todos aquellos que presentaran a una deidad extraña. ¿Detuvo eso a Pablo? No, aunque era un judío fabricante de tiendas, de "...presencia corporal débil, y... palabra menospreciable" (2 Co. 10:10), no tuvo reparos en hablar en aquella clásica y orgullosa ciudad del mundo antiguo.

Fue en la plaza de Atenas, donde el sabio filósofo Sócrates hizo sus inmortales preguntas. En el campo de olivos cerca de allí, junto a la ribera, Platón fundó su academia. Al este se encontraba el liceo de Aristóteles. Muy cerca de allí, en el Ágora, estaba el jardín de los epicúreos y el patio de pinturas de los estoicos. Esta era la casa del antiguo dramatismo griego, donde los eruditos decían con orgullo los nombres de Esquilo y Sófocles. Allí los oradores griegos se ponían de pie para hablar. Allí había historiadores, tales como Tucídides y Jenofonte. En templos recargados de adornos, el espíritu nacional de Atenas era deificado en las imágenes de mármol de sus héroes y soldados, en los trofeos de sus victorias y en sus diversos objetos de interés.

Sin permitir que ese contexto lo intimidara, Pablo procedió a hablarles a los atenienses acerca de un Dios del cual nunca habían escuchado. En su discurso, abarcó un gran número de temas, entre los cuales estuvieron...

- El ateísmo, o el dogma de que no hay Dios.
- El panteísmo, o la creencia de que todo es Dios.
- El materialismo, o la noción de que el mundo es eterno.
- El fatalismo, o la superstición de que ninguna inteligencia preside sobre el universo, sino que todas las cosas suceden por necesidad o casualidad.
- El politeísmo, o la fantasía de que hay muchos dioses.
- El ritualismo, o la imaginación de que Dios puede ser honrado puramente por actos externos.
- El evolucionismo, o la hipótesis de que el hombre es producto de las fuerzas naturales.
- El optimismo, o el engaño de que, desde el punto de vista más favorable de este mundo, el hombre no tiene pecado del cual arrepentirse.
- El unitarismo, o el dogma de que Cristo fue un hombre común y corriente.

- El aniquilacionismo, o la creencia de que la muerte es el fin del ser.
- El universalismo, o la opinión de que todos serán salvos.

Y además Pablo se explayó en el evangelio del verdadero Salvador, Jesucristo.

¡Todo un ejemplo de destreza! ¡Todo un ejemplo de dominio de una especialidad! ¡Todo un ejemplo de amor al trabajo tanto en la preparación como en la comunicación!

Pablo siempre estaba ocupado en alguna labor provechosa. Gracias a su diligencia, a Dios le agradó abrirle las puertas de la oportunidad. Dado que Pablo la aprovechó eficientemente, Dios bendijo su ministerio y al mismo tiempo lo hizo libre del temor y la ansiedad. Como el mismo Pablo les dijo a los Filipenses: "Sé vivir humildemente, y sé tener abundancia…" (Fil. 4:12).

Pablo estaba tan ocupado que no tenía tiempo para los pensamientos que producen temor y preocupación. Él se negó a preocuparse aun cuando estuvo prisionero en Roma. Lee 2 Timoteo 4:13, donde le pide a Timoteo que le traiga "…los libros, mayormente los pergaminos". Allí sus pensamientos se enfocaron otra vez en lo que podía realizar. ¡Qué amor al trabajo! Este poderoso hombre de Dios siguió trabajando hasta el final.

¿Qué estás esperando?

Muchas personas sostienen piadosamente que están determinadas a "esperar en el Señor" y a "confiar en el Señor", mientras se sientan en un banco sin hacer nada.

Ahora bien, es verdad que debemos esperar en el Señor y confiar en Él. Sin embargo, la prueba de que estamos esperando en el Señor y confiando en Él será revelada al "…[crecer] en la obra del Señor siempre…" (1 Co. 15:58).

Cuando Pablo dijo: "…creciendo en la obra del Señor…", se refería a la actividad con un propósito que vale la pena, dirigida hacia un objetivo loable. Esto es esencial para la confianza que vence la preocupación, porque no puedes fijar tus pensamientos en dos cosas a la vez. No puedes poner todas tus energías en una actividad que glorifica a Dios, mientras al mismo tiempo centras tu atención en pensamientos que producen temor.

Piensa en esto: la muerte se caracteriza por la inacción; la vida, por la acción. A medida que la muerte se acerca, la acción decrece. En efecto, se ha notado que la disminución de la actividad acelera la muerte. ¿Conoces a alguna persona que tenía buena salud hasta que se jubiló, y después, de repente, se enfermó y murió? La transición del trabajo a la inactividad fue demasiado para esa persona. En su naturaleza, estaba trabajar. Privada de la oportunidad de trabajar, ya no tenían razón para vivir.

Hay algunos individuos que racionalizan su ociosidad al decir que ya están avanzados en años; que han trabajado toda la vida y ahora se merecen un descanso. No pienses que puedes eximirte tan ingenuamente de la responsabilidad y el beneficio de ser trabajador. Mira cuántas de las grandes personalidades siguieron activas y productivas después de haber entrado en la tercera edad:

- Golda Meir condujo a la actual nación de Israel después de los setenta años. • Cornelius Vanderbilt pasó la mayor parte de su vida en el servicio de transbordadores. Construyó casi todo su sistema ferrocarril después de los setenta años e hizo sus cientos de millones a una edad en la que la mayoría de los hombres ya se ha jubilado.
- El filósofo alemán Immanuel Kant escribió algunas de sus obras más extraordinarias después de los setenta años.
- Johann Goethe escribió la segunda parte de *Fausto* después de los ochenta años.
- Victor Hugo asombró al mundo con algunas de sus mejores obras literarias después de cumplir ochenta años.
- Alfred Tennyson tenía ochenta y tres años cuando escribió su poema *Crossing the Bar* [Al cruzar el banco de arena].

- Viscount Palmerston fue primer ministro de Inglaterra a los ochenta y un años, William Gladstone, a los ochenta y tres.
- El príncipe Otto Eduard Leopold von Bismarck administraba vigorosamente los asuntos del Imperio alemán a los setenta y cuatro años.
- Francisco Crispi fue primer ministro de Italia a los setenta y cinco años.
- Verdi escribió óperas después de los ochenta.
- Titian pintó su incomparable *Batalla de Lepanto* a los noventa y ocho años y su *Última Cena* a los noventa y nueve.
- Miguel Ángel seguía esculpiendo obras maestras a los ochenta y nueve años.
- Claude Monet seguía pintando obras de arte después de los ochenta y cinco años.

Más años, más creatividad

Creo que una de las razones por las que sir Winston Churchill y el general Douglas MacArthur vivieron tanto fue por el hecho de que ambos conocían el valor de ser trabajadores y lo aprovecharon. Las personas que están ocupadas no tienen tiempo para la ansiedad. La preocupación es un ladrón del tiempo, y ellos se negaron a dejarse robar por la preocupación.

Durante años el célebre editor de la revista *Saturday Review*, Norman Cousins, reiteró varias veces que creía en la relación entre la creatividad y la longevidad. E ilustró su convicción al hacer referencia a ciertas visitas que les había hecho a dos hombres que, en ese momento, eran octogenarios: el músico Pablo Casals y el misionero Albert Schweitzer.

Él recuerda que un día, a las ocho de la mañana, justo antes de cumplir noventa años, Pablo Casals se dirigía al piano con la ayuda de su joven esposa Marta. Cousins dijo que, al ver los movimientos de Casals, tuvo consciencia de la cantidad de enfermedades de ese hombre. Casals tenía artritis reumatoide, enfisema, las manos hinchadas y los dedos entumecidos. Estaba muy encorvado, y su cabeza se ladeaba mientras caminaba arrastrando los pies.

Después Cousins contó que Casals se sentó frente al piano y comenzó a tocar los compases de apertura del *Clave bien temperado* de Bach. Parecía como si estuviera ocurriendo un milagro. Los dedos de Casals lentamente se fueron relajando. Su espalda se fue enderezando. Comenzó a respirar mejor y a tararear mientras tocaba. Finalmente, cuando entró de lleno a una pieza musical de Brahms, sus dedos, ahora ágiles y enérgicos, se paseaban a lo largo del teclado con elegancia y rapidez.

El viejo octogenario, Albert Schweitzer, le dijo a Norman Cousins: "No tengo intención de morirme mientras pueda hacer cosas. Y si hago cosas, no tengo necesidad de morirme. Por lo tanto, viviré por mucho, mucho tiempo". Schweitzer vivió noventa y cinco años.

Hace mucho, he llegado a la conclusión de que las personas que disfrutan de su trabajo y están dedicadas a una vida de trabajo productivo disfrutan de la clase de confianza que redunda en una buena salud y longevidad. Además, el amor al trabajo es consecuente con la voluntad de Dios para tu vida y la mía.

19

DA EL DIEZMO

Es triste, pero verdad. Muchas personas dan menos en la recolección de ofrendas de la iglesia que lo que gastan en una entrada al cine o para almorzar en un restaurante. No quieren dar de su dinero, su tiempo o sus talentos, porque tienen miedo de salir perdiendo.

Permíteme ser sincero contigo. Nadie tiene derecho a esperar las bendiciones de Dios si, por codicia y avaricia, bloquea el camino por donde llegan esas bendiciones. Dios es el dueño de todas las cosas. Nosotros somos los mayordomos. Él ya sabía que el hombre objetaría este hecho y por eso hizo el esfuerzo especial de aclarar su posición de dueño en los primeros capítulos de la Biblia. El nombre de Dios se menciona catorce veces en los primeros trece versículos, treinta y una veces en el primer capítulo, y cuarenta y cinco veces en los dos primeros capítulos de Génesis.

La mayordomía no tiene importancia porque Dios lo necesite, sino porque nosotros lo necesitamos. Dios no tiene necesidades: "Porque mía es toda bestia del bosque, y los millares de animales en los collados… Si yo tuviese hambre, no te lo diría a ti; porque mío es el mundo y su plenitud" (Sal. 50:10, 12). Y otra vez: "Mía es la plata, y mío es el oro, dice Jehová de los ejércitos" (Hag. 2:8).

Hay un triple fundamento para la mayordomía, según Isaías 43:1: "Ahora, así dice Jehová, Creador tuyo, oh Jacob, y Formador tuyo, oh Israel: No temas, porque yo te redimí; te puse nombre, mío eres tú". Dios nos creó, nos redimió y nos sustenta. Es imposible que una persona experimente la confianza que vence la preocupación a menos que sea consciente del beneplácito de Dios.

Si una persona no es consciente del beneplácito divino, está plagada de sentimientos de culpa y temor. Puede que pertenezca a una tribu amazónica donde ni siquiera llegue el menor eco del evangelio, pero debido a ese monitor moral que Dios ha colocado en su pecho, en lo más profundo de su ser, sabe que es responsable ante un poder superior. Hasta que no llegue a conocer ese poder superior personalmente por medio de Jesucristo, no se dirimirá su culpa, ni desaparecerán sus temores.

Muchas personas tratan neciamente de obtener victoria sobre la culpa y el temor por medio de una pila de técnicas psicoanalíticas: el expresionismo y la catarsis de Freud, la terapia Gestalt y otras parecidas.

Sin embargo, solo Dios puede hacer desaparecer nuestros temores. Mediante la asistencia del Espíritu Santo, Él nos da un espíritu "...de poder, de amor y de dominio propio" (2 Ti. 1:7). Pero no siempre hacemos uso de este privilegio. Es posible que un cristiano carezca de comunión con Dios y de ese modo pierda la confianza que depende de la consciencia del beneplácito divino.

Los tres principios de la posición de Dios como dueño

Dios estableció tres principios en la Biblia acerca de las obligaciones que tenemos para con Él, que trascienden los límites de tiempo, geografía y raza.

1. Uno de los siete días le pertenece a Dios

Este primer principio se especificó en el primer capítulo de la Biblia. Nunca ha cambiado, aunque a menudo se desobedece, se niega y se abusa de él. No obstante, debemos honrar a Dios y reconocer el día de descanso.

2. El sacrificio sustitutoria es la única respuesta al pecado humano

Este principio también trasciende el tiempo. Podemos volver a pensar en los primeros capítulos de Génesis. Cuando Abel ofreció un sacrificio expiatorio, fue en respuesta a esta ley fundamental y este principio inalterable. Hebreos 11:4 nos dice que Abel ofreció su sacrificio "por fe", lo que da a entender que había tenido una revelación de Dios al respecto. Ahora bien, todos los sacrificios han tenido su cumplimiento en Cristo, "...el Cordero de Dios, que quita el pecado del mundo" (Jn. 1:29).

3. Somos llamados a ser mayordomos de las posesiones materiales

¡Por favor, presta atención! Si has comenzado a sentirte un poco impaciente con este énfasis en la mayordomía y estás por pasar al capítulo siguiente, te imploro que me prestes atención o más bien que prestes atención a la Palabra de Dios.

Uno de cada seis versículos de los cuatro Evangelios tiene que ver con el buen y mal uso de las posesiones materiales. Dieciséis de las treinta y ocho parábolas del Señor tienen que ver con el buen y mal uso de las posesiones materiales. No te perjudiques al ignorar este capítulo. No emitas ningún juicio y "sé fiel a ti mismo". Sin lugar a dudas, la falta en este asunto causa más ansiedad e inseguridad entre los cristianos que cualquier otro asunto.

¿Por qué es tan importante la mayordomía?

En el huerto del Edén, Dios se reservó el árbol del conocimiento del bien y del mal para recordarles a Adán y a Eva su deber de ser mayordomos y el derecho de propiedad de Dios. Ellos no debían tocar el fruto de aquel árbol. De manera especial, le pertenecía a Dios. En verdad, todo le pertenece a Dios, pero hemos de separar inmediatamente y sin condiciones cierta proporción de lo que Él nos concede.

¿No es consabido que el granjero arrendatario del medio oeste de los Estados Unidos debe devolver al dueño una cuarta parte de la cosecha de maíz? ¿No es consabido que el granjero arrendatario del sur debe devolver al dueño de las tierras una tercera parte de la cosecha de algodón? Puesto que Dios es el dueño de todas nuestras cosas, ¿no es justo que nos pida que le devolvamos una proporción de lo que Él nos concede?

Filipenses 4:5 dice: "Vuestra gentileza sea conocida de todos los hombres. El Señor está cerca". La palabra *gentileza*, entre otras cosas, significa "equidad". No hay confianza sin equidad, y no hay equidad sin la mayordomía de las posesiones materiales. Esta confianza que trae paz depende significativamente de nuestra obediencia a la posibilidad de la mayordomía.

Algunos individuos piensan que dar tiene que ver con financiar la iglesia local, como si fuera un impuesto. Pero pensar así es estar totalmente equivocado. No damos por obligación. Damos como resultado de la compulsión interna de devolverle a Dios por medio del diezmo más las ofrendas, a medida que el Señor nos prospera.

Practicamos la mayordomía por tres razones:

1. En reconocimiento del soberano derecho de propiedad de Dios

"Sino acuérdate de Jehová tu Dios, porque él te da el poder para hacer las riquezas, a fin de confirmar su pacto que juró a tus padres, como en este día" (Dt. 8:18). Pablo se detuvo en el mismo punto en el Nuevo Testamento: "¿O ignoráis que vuestro cuerpo es templo del Espíritu Santo, el cual está en vosotros, el cual tenéis de Dios, y que no sois vuestros? Porque habéis sido comprados por precio; glorificad, pues, a Dios en vuestro cuerpo y en vuestro espíritu, los cuales son de Dios" (1 Co. 6:19-20).

2. En agradecimiento y reconocimiento de la gracia redentora

"Porque por gracia sois salvos por medio de la fe; y esto no de vosotros, pues es don de Dios; no por obras, para que nadie se gloríe. Porque somos hechura suya, creados en Cristo Jesús para buenas obras, las cuales Dios preparó de antemano para que anduviésemos en ellas" (Ef. 2:8-10).

3. En entrega de nuestra vida y nuestros talentos al Señor

"Así que, hermanos, os ruego por las misericordias de Dios, que presentéis vuestros cuerpos en sacrificio vivo, santo, agradable a Dios, que es vuestro culto racional. No os conforméis a este siglo, sino transformaos por medio de la renovación de vuestro entendimiento, para que comprobéis cuál sea la buena voluntad de Dios, agradable y perfecta" (Ro. 12:1-2).

Cuando preparas tu diezmo, preparas tu adoración. Cuando pones tu dinero en el plato de la ofrenda, básicamente estás diciendo:

"Esta es mi expresión tangible de mi total entrega a Ti. El dinero que pongo en este plato representa mi cerebro, mi sangre, mis habilidades; todas las bendiciones que vienen de Ti, pues reconozco que 'toda buena dádiva y todo don perfecto desciende de lo alto, del Padre de las luces, en el cual no hay mudanza, ni sombra de variación' (Stg. 1:17). Por la salud, la capacidad mental, los amigos y los diversos recursos que Tú me has dado, puedo ganarme la vida. Todo lo que soy y todo lo que tengo es tuyo. Mi mayordomía de las posesiones materiales no es más que una expresión de este hecho".

La verdad acerca del diezmo

La base de nuestra responsabilidad económica es el diezmo. Diezmar es devolverle a Dios el diez por ciento de nuestros ingresos. Y Dios no anduvo con rodeos con respecto a aquellos que no obedecen. La Biblia dice que si no le devuelves a Dios este diez por ciento y lo pones en el "alfolí" (Mal. 3:10) con fiel regularidad, eres un ladrón.

Están aquellos que argumentan que la responsabilidad de diezmar tenía vigencia solo durante los tiempos de la ley; es decir, desde los días de Moisés hasta Cristo. Estos dicen que Malaquías 3:10 no es pertinente para la actualidad porque está en el Antiguo Testamento.

El Señor debe de haber sabido que surgiría semejante tergiversación. Por eso anunció las palabras de Malaquías 3:6: "Porque yo Jehová no cambio…". Después de estas palabras llamó a Israel a volver a sus decretos, a los diezmos y las ofrendas, al alfolí y a la promesa de bendición condicional. El Nuevo Testamento vuelve a afirmar estas palabras de Malaquías 3:6 cuando dice que con Dios "…no hay mudanza, ni sombra de variación" (Stg. 1:17).

Las mismas personas que dicen que el diezmo era para aquellos que estaban bajo la ley, desde luego, al rato siguiente van al Salmo 23 en busca de consuelo, al Salmo 32 en busca de dirección, a Job en busca de sabiduría y a Elías en busca de un patrón de oración, entre varios otros pasajes del Antiguo Testamento. Para ser consecuentes, estas personas que descartan Malaquías 3:10 deberían también descartar Juan 3:16. Después de todo, esto también se dijo antes que se cumpliera el tiempo de redención de nuestro Señor en la cruz del calvario.

De hecho, el diezmo no fue un producto de la ley. El diezmo existía antes de la ley. Abraham diezmaba. La ley del diezmo no es una ley israelita. Es una ley fundamental e inalterable de Dios que aún sigue vigente. Por eso Jesús mencionó del diezmo: "¡Ay de vosotros, escribas y fariseos, hipócritas! porque diezmáis la menta y el eneldo y el comino, y dejáis lo más importante de la ley: la justicia, la misericordia y la fe. Esto era necesario hacer, sin dejar de hacer aquello" (Mt. 23:23).

Así como Abraham le daba el diezmo a Melquisedec, nosotros le damos el diezmo a Cristo. En Hebreos 7 se explica esta verdad. El Hijo de Dios, que vive y habita como sacerdote para siempre según el orden de Melquisedec, recibe los diezmos (ver v. 8); ¡eso es, los recibe en el presente!

Al dar los diezmos, Abraham reconocía la soberanía de Melquisedec como rey y sacerdote. Del mismo modo, en el presente, cuando damos los diezmos, reconocemos a Cristo como Soberano y Señor. El rechazo a dar el diezmo es el rechazo a nuestro propio Cristo como Soberano y Sumo Sacerdote. Así hacemos a Cristo no solamente inferior a Melquisedec, sino también inferior a los levitas, el grupo sacerdotal de los tiempos del Antiguo Testamento.

El diezmo se incorporó a la ley porque era un principio digno de ejecución divina. Dios nunca anuló la ley fundamental del diezmo; la gracia no la ha anulado; el tiempo no la ha alterado. Por esta razón, el mandato de Malaquías con respecto al diezmo conserva toda su contundencia original:

"¿Robará el hombre a Dios? Pues vosotros me habéis robado. Y dijisteis: ¿En qué te hemos robado? En vuestros diezmos y ofrendas. Malditos sois con maldición, porque vosotros, la nación toda, me habéis robado. Traed todos los diezmos al alfolí y haya alimento en mi casa; y probadme ahora en esto, dice Jehová de los ejércitos, si no os abriré las ventanas de los cielos, y derramaré sobre vosotros bendición hasta que sobreabunde. Reprenderé también por vosotros al devorador, y no os destruirá el fruto de la tierra, ni vuestra vid en el campo será estéril, dice

Jehová de los ejércitos. Y todas las naciones os dirán bienaventurados; porque seréis tierra deseable, dice Jehová de
los ejércitos" (Mal. 3:8-12).

En este mandato, Malaquías hace de la práctica del diezmo una
condición para recibir la bendición de Dios de una manera especial
y a un grado especial. La implicación es clara. Cuando nos negamos
a diezmar, le estamos robando a Dios, nos exponemos a una maldición y renunciamos a sus bendiciones.

El diezmo no desapareció en el Nuevo Testamento

La gracia no anula la ley. La gracia cumple la ley y va más allá de
las exigencias más estrictas de la ley. La gracia proporciona la dinámica necesaria para el cumplimiento de las mecánicas de la ley. Esta
le decía al hombre qué hacer, pero no le proporcionaba la capacidad
de cumplirla. La gracia proporciona la dinámica del Espíritu Santo
por la cual, con la fortaleza de Dios, cumplimos las exigencias de la
ley, y mucho más.

Jesús dijo:

> "No penséis que he venido para abrogar la ley o los profe-
> tas; no he venido para abrogar, sino para cumplir. Porque
> de cierto os digo que hasta que pasen el cielo y la tierra,
> ni una jota ni una tilde pasará de la ley, hasta que todo se
> haya cumplido. De manera que cualquiera que quebrante
> uno de estos mandamientos muy pequeños, y así enseñe a
> los hombres, muy pequeño será llamado en el reino de los
> cielos; mas cualquiera que los haga y los enseñe, éste será
> llamado grande en el reino de los cielos. Porque os digo que
> si vuestra justicia no fuere mayor que la de los escribas y
> fariseos, no entraréis en el reino de los cielos" (Mt. 5:17-20).

Ya hemos visto que Jesús mencionó el diezmo de los fariseos. En
Mateo 5:20, el Señor nos dice que nuestra justicia debe exceder la
justicia de los escribas y fariseos. La gracia cumple y ratifica la ley,
en vez de abrogarla e invalidarla.

Continuemos con Mateo 5. La ley dice: "No matarás" (v. 21). Jesús explica que si un hombre odia a su hermano es tan culpable como si lo hubiera matado. La ley dice: "No cometerás adulterio" (v. 27). Jesús señala que bajo la gracia cualquiera que mire a una mujer para codiciarla ya ha violado el séptimo mandamiento en su corazón.

Traslada este principio al asunto de la mayordomía del dinero. ¿Cómo puede un hijo de Dios instruido bajo la gracia hacer menos que los judíos bajo la ley? Los judíos también daban ofrendas además del diezmo. Por ejemplo, si estudias el Antiguo Testamento, descubrirás que el templo y su mobiliario se costeaban con las ofrendas que se daban además del diezmo.

Siempre hay un signo de interrogación en mi mente en cuanto a la persona que se esfuerza por probar que no tenemos obligación de diezmar. ¿Cuál es su motivación? En Levítico 27:30, Dios deja claro que "el diezmo de... Jehová es...". Por lo tanto, nosotros, como mayordomos, no tenemos ningún derecho de tratarlo como si fuera nuestro. Debemos ponerlo donde Dios dice y cuando Dios dice; es decir, en el alfolí el domingo.

El dinero le pertenece a Dios

Jesús dijo: "Dad, pues, a César lo que es de César, y a Dios lo que es de Dios" (Mt. 22:21). En otras palabras, paga tus impuestos y paga tus diezmos. Tus impuestos le pertenecen al gobierno. La prueba de esto se encuentra en el hecho de que lo deducen de tu sueldo antes que lo cobres. Los impuestos sobre tus ingresos debes pagarlos al servicio de recaudación de impuestos de tu localidad.

Suponte que como ciudadano le debes al gobierno mil dólares de impuestos sobre los ingresos. Suponte que haces tu declaración de impuestos y le adjuntas una nota que diga:

Estimado gobierno:

Ustedes notarán que les debo $1000. Le estoy enviando $100 al jefe de mi oficina de correos. Él es uno de sus fieles servidores y está atravesando dificultades financieras. Le estoy enviando $100 a la Asociación de Ayuda para el Soldado. Ellos están haciendo una magnífica obra al fomentar el espíritu de sus soldados y tienen gran necesidad de ayuda. También envío $100 a uno de mis sobrinos que es marino de la séptima flota. Es probable que en cualquier momento le mate una bomba, y creo que necesita recibir un incentivo. Después de todo, él es uno de sus fieles soldados. Despúes le estoy enviando $200 a la Administración de Veteranos de Guerra. Después de todo, ellos están fielmente dedicados a llevar a cabo la voluntad de la nación. Pero quiero que sepa que mi corazón está en el lugar correcto; por ello estoy enviando el resto de $500 al Servicio de Recaudación de Impuestos de mi localidad.

Es absurdo. ¿Por qué? Porque la ley del país no te concede el derecho de decidir cómo distribuir el dinero de los impuestos. No te corresponde a ti. Por consiguiente, tu única responsabilidad es pagarlos.

Imagínate un hombre que le debe a Dios un diezmo de mil dólares. Pero en vez de aceptar la revelación de Dios de que "el diezmo de Jehová es", dice: "El diezmo es mío. ¡Es mi diezmo!". Entonces, actúa sobre esa premisa y arbitrariamente determina la distribución del dinero que en primer lugar no es suyo. Así le envía cien dólares a un evangelista de la radio, otros cien a un instituto bíblico y otros cien a un misionero.

Eso no es lo que Dios pide. El diezmo debe llevarse al "alfolí", que en esta época es la iglesia. Lee la Palabra del Señor:

> "Cada primer día de la semana cada uno de vosotros ponga aparte algo, según haya prosperado, guardándolo, para que cuando yo llegue no se recojan entonces ofrendas" (1 Co. 16:2).

> "Traed todos los diezmos al alfolí y haya alimento en mi casa; y probadme ahora en esto, dice Jehová de los ejércitos, si no os abriré las ventanas de los cielos, y derra-

maré sobre vosotros bendición hasta que sobreabunde"
(Mal. 3:10).

La palabra que se traduce "aparte" en 1 Corintios 16:2 es la
misma palabra que la Septuaginta usó para "alfolí" en Malaquías
3:10. En otras palabras, sería una traducción correcta de 1 Corintios
16:2 decir: "Cada primer día de la semana cada uno de vosotros
ponga en el alfolí…".

¿Quién debería recibir el diezmo?

Ahora bien, yo agregaría que estas verdades bíblicas las está
exponiendo alguien que no es pastor de una iglesia local. Más bien,
dirijo una organización de apoyo a las iglesias que depende de las
donaciones del pueblo de Dios más allá de los diezmos. Las donaciones más allá de nuestros diezmos pueden hacerse a causas cristianas.
Pero "el diezmo de Jehová es". El consignatario específico es la iglesia
local, y debe darse allí indefinidamente.

En 1957, cuando el Señor me llevó a renunciar al pastorado
para dedicarme al ministerio evangelístico, un estimado amigo que
combatía esta verdad me dijo:

—Haggai, ahora supongo que habrás dejado de lado esta tonte-
ría de poner los diezmos en el alfolí.

—Mi cambio de ministerio no significa un cambio en las
Escrituras o en mi compromiso —le respondí.

—Si sigues con esa opinión, en un año te hundirás por falta de
recursos —insistió él.

—Si este ministerio es de Dios, Él suplirá la necesidad —le dije.

Fue así, Él suplió.

Cuando un hombre se niega a diezmar de su dinero, está repi-
tiendo de la misma manera —por qué no, al mismo grado— el
pecado de Adán y Eva. Al comer el fruto prohibido, hicieron uso de
una autoridad que no les pertenecía. Ese árbol le pertenecía a Dios,
no a ellos. Cuando no diezmamos, estamos haciendo uso de una
autoridad que no es nuestra. Nos estamos apropiando de dinero que
le pertenece a Dios. Entonces, ¿cómo podemos esperar tener paz?

¿Cómo podemos esperar tener victoria sobre la ansiedad y ser libres de la preocupación? Pues Dios, solo Dios, es el Autor de la paz.

Volviendo al hombre que no honra a Dios con sus diezmos, ¿qué hará cuando su pequeño niño se enferme gravemente y los médicos digan que no hay esperanza a menos que se realice una intervención sobrenatural? Ese mismo hombre caerá sobre su rostro ante Dios y dirá: "Oh, Dios, este es mi hijo, hueso de mis huesos, carne de mi carne, sangre de mi sangre. Te lo entrego a ti. Haz lo que te plazca. Si te place, restáurale su salud y su fuerza, y devuélvenos a nuestro hijo".

¡Qué hipocresía! Está dispuesto a confiar en Dios con su propia carne y sangre, y no confía en Dios con su plata y su oro. ¿No piensa más de su dinero que de su hijo? ¿Cómo puede Dios honrar a un hombre así? ¿Cómo puede Dios bendecir debidamente a un hombre que le da la espalda cada vez que le parece bien; que le da la espalda a Dios al negarse a diezmar?

He aquí otra ilustración: en Marcos 12:41-44, Jesús estaba observando a los que echaban su dinero en el arca. Algunos ponían mucho dinero. En cambio, una pobre viuda puso dos blancas; todo lo que tenía. Jesús llamó a sus discípulos y les dijo: "…De cierto os digo que esta viuda pobre echó más que todos los que han echado en el arca" (v. 43).

¿Cómo podía Jesús saberlo? Tal vez, ellos habían dado parte de su diezmo a una fundación religiosa, o algún instituto bíblico o se lo habrían enviado a algún evangelista de la radio. Tú podrás decir: "¡En esos tiempos, no existían esas cosas!".

Eso es cierto, pero es un hecho de la historia que había más consignatarios de ofrendas en ese entonces que hoy día. Los otros que pusieron dinero en el arca pudieron haber dicho que habían dado mucho de su diezmo a causas de caridad. Jesús juzgó la mayordomía de ellos basado en lo que habían puesto en el arca de la casa de Dios, la que hoy es nuestra iglesia literal, visible, local.

Observa el proceso de dar el diezmo:

Primero, llevas el diezmo *físicamente*. Esto vincula el diezmo a la adoración. Los dos son inseparables.

Segundo, llevas *todos* tus diezmos. No deduces las cuentas del médico, el gasto de transporte a tu trabajo, tus pólizas de seguro, tus donaciones a la Cruz Roja u otra organización. Llevas el diez por ciento de todos tus ingresos. Tercero, llevas todos los diezmos *al alfolí.* Cuando haces esto, cesa tu responsabilidad. Aun cuando Pablo estaba tratando de reunir dinero para la iglesia en Jerusalén, no les dijo a los cristianos de Corinto que enviaran sus diezmos allí; sino que pusieran sus diezmos en su iglesia local. Solo entonces instó a la iglesia a ayudar a su congregación hermana en Jerusalén.

Tú recuperas lo que das y aun más

Ahora bien, observa la promesa condicional de Malaquías 3:10: "Traed todos los diezmos al alfolí y haya alimento en mi casa; y probadme ahora en esto, dice Jehová de los ejércitos, si no os abriré las ventanas de los cielos, y derramaré sobre vosotros bendición hasta que sobreabunde".

Si yo no pudiera creer lo que Dios dice acerca del diezmo, no podría creer lo que dice acerca de cualquier otra cosa. Es raro que las personas no crean lo que Él dice acerca de la salvación, lo que dice acerca del cielo, lo que dice acerca del infierno, lo que dice acerca del bautismo y lo que dice acerca de ganar almas; sin embargo no creen lo que dice acerca del diezmo y la mayordomía de las posesiones.

Conozco a un hombre acaudalado que ha creado una fundación religiosa sin fines de lucro. Según se dice, él pone el diez por ciento de todos sus ingresos en esa fundación y por eso se considera un diezmador. Sin embargo, él no pone el diezmo donde Dios dice que lo ponga. Además de esa manifiesta desobediencia, una de sus corporaciones toma prestado el dinero de la fundación religiosa y lo hace en términos sumamente privilegiados. Por consiguiente, tiene acceso a dinero del cual no necesita pagar impuestos; dinero que él usa para expandir su empresa.

Tú podrás decir: "Bueno, Dios lo está bendiciendo". ¿Es Dios? El problema es que demasiadas personas piensan solo en términos de dinero cuando piensan en Dios que abre las ventanas de los cielos para derramar bendiciones.

Conozco a otro hombre que hace poco ganó cuarenta millones de dólares en un solo año, pero debido a una úlcera en el estómago no puede comer ni un buen pedazo de carne. Hay algunos hombres que darían todo su dinero si pudieran comprar tranquilidad espiritual, el respeto de sus hijos y el amor de su esposa.

Una vez más, déjame recordarte que, desde un punto de vista egoísta, sería en mi beneficio predicar que una persona tiene el derecho a poner su diezmo donde quiera, ya que sobre esta base podría asegurarme dinero adicional para financiar mi propia organización sin fines de lucro. Pero yo sé que Dios no lo bendeciría.

Hace algún tiempo, un estimado amigo me sugirió que un grupo de hombres de negocios diera diez mil dólares al año de sus diezmos para sostener el ministerio que Dios me ha dado. Le agradecí por su generosa propuesta, pero le dije bastante directo: "Te estás equivocando. No aceptaría recibir parte de tu diezmo —un diezmo que no es tuyo, sino de Dios— como no aceptaría recibir una porción de tus impuestos sobre los ingresos, que no son tuyos, sino del gobierno".

Tú podrás decir: "¿Qué tiene que ver esto con la preocupación?".

¡Mucho! Si tú fueras al centro comercial y le robaras cien dólares a un comercio, ¿tendrías tranquilidad de espíritu? No. Probablemente estarías pensando que cada vez que las personas te miran están hablando de ti. Te sentirías incómodo cada vez que estuvieras en los alrededores del comercio que robaste y con el cual estás ahora en deuda.

En el cuarto capítulo de Filipenses, donde se encuentra la base textual de nuestra fórmula para vencer la preocupación, Pablo elogia la liberalidad económica de los filipenses. ¿No es interesante que la iglesia de Filipos fuera la única iglesia en la cual Pablo no encontrara errores doctrinales o éticos?

Muchas personas citan con ligereza Filipenses 4:19: "Mi Dios, pues, suplirá todo lo que os falta conforme a sus riquezas en gloria en Cristo Jesús". Pero ¿podría sugerir que el cumplimiento de esa promesa está condicionado a un espíritu similar al manifestado por los filipenses, según consta en los versículos inmediatamente anteriores?

La adversidad económica es una de las causas de mayor preocupación; adversidad engendrada a veces en la propia desobediencia del cristiano en el ámbito de la mayordomía. "Honra a Jehová con tus bienes, y con las primicias de todos tus frutos; y serán llenos tus graneros con abundancia, y tus lagares rebosarán de mosto" (Pr. 3:9-10). Estas palabras se escribieron bajo la inspiración del Espíritu Santo de Dios.

No diezmar es una prueba incuestionable de estar más interesado en uno mismo que en la obra del Señor. Una de las principales causas de ansiedad y preocupación es el egocentrismo. "Porque donde esté vuestro tesoro, allí estará también vuestro corazón" (Mt. 6:21).

Cuando tu principal inquietud no es simplemente cómo diezmar, sino cómo ofrendar —ofrendas generosas además del diezmo dado para la gloria de Dios—, experimentas un gozo y una paz que el mundo no puede explicar. Pero cuando te niegas a diezmar, lo haces por ignorancia o por avaricia, y la Palabra de Dios dice que la avaricia es idolatría: "Haced morir, pues, lo terrenal en vosotros: fornicación, impureza, pasiones desordenadas, malos deseos y avaricia, que es idolatría" (Col. 3:5).

El dinero llega a ser fácilmente un dios de plata. Nosotros nos parecemos a nuestros dioses; asumimos lo que concebimos como deseable. Cuando el dinero es tu dios, no hay paz. Pero si Cristo es el Señor de tu vida —la dinámica dominante de tu experiencia, la pasión subyugante de tus intereses—, entonces inevitablemente comienzas a parecerte a Él, que "...es nuestra paz..." (Ef. 2:14). Como resultado de tu comunión con Él, experimentas la paz que solo Él puede dar. "La paz os dejo, mi paz os doy; yo no os la doy como el mundo la da. No se turbe vuestro corazón, ni tenga miedo" (Jn. 14:27).

Ábrete a las bendiciones que Dios promete para aquellos que le honran con sus bienes.

20

RÍNDETE

Después de escuchar a una misionera que había regresado de la China, una muchacha se acercó a ella y le dijo:

—Daría mi vida por vivir su experiencia.

—Eso es exactamente lo que me ha costado —dijo la misionera.

Siempre me conmuevo al escuchar a los misioneros que vuelven del campo misionero por un período de licencia. Ellos han renunciado voluntariamente al bienestar económico, a la comodidad material y a la compañía de sus familiares y amigos en su tierra. Tienen una serenidad y una confianza que evidencian una paz indescriptible: "...la paz de Dios, que sobrepasa todo entendimiento..." (Fil. 4:7).

La Palabra de Dios encomienda esta clase de entrega, y no solo para los misioneros:

> "Ni tampoco presentéis vuestros miembros al pecado como instrumentos de iniquidad, sino presentaos vosotros mismos a Dios como vivos de entre los muertos, y vuestros miembros a Dios como instrumentos de justicia" (Ro. 6:13).

> "Pero cuantas cosas eran para mí ganancia, las he estimado como pérdida por amor de Cristo. Y ciertamente, aun estimo todas las cosas como pérdida por la excelencia

del conocimiento de Cristo Jesús, mi Señor, por amor del cual lo he perdido todo, y lo tengo por basura, para ganar a Cristo" (Fil. 3:7-8).

"El que halla su vida, la perderá; y el que pierde su vida por causa de mí, la hallará" (Mt. 10:39).

Sin duda, la persona que se ha rendido totalmente a Cristo cumple todos los otros factores que contribuyen a la confianza que ya hemos mencionado. Todos estos aspectos están interrelacionados y enlazados; están dispuestos como las caras de un diamante. He estado virando la piedra preciosa de la confianza de un lado al otro para que pueda verse desde todos los ángulos y para que irradie brillo desde cada lado.

Hay menos complicaciones en el camino angosto

Muchas veces en el pastorado, e incluso en ocasiones desde que entré al ministerio de la evangelización, se me acercaron personas que me han dicho básicamente: "Sé que si le rindo mi vida al Señor, Él me va a hacer predicar, y yo no quiero".

Otros no se quejaban de predicar, sino de otra esfera del servicio. Al parecer hay personas que están afectadas por el concepto equivocado de que si se rinden al Señor, Él les pedirá lo que ellos no quieren hacer.

Este es un engaño del diablo. Cuando tú te rindes al Señor, querrás lo que el Señor quiere para ti. La Palabra de Dios dice: "Deléitate asimismo en Jehová, y él te concederá las peticiones de tu corazón" (Sal. 37:4). Y: "Si permanecéis en mí, y mis palabras permanecen en vosotros, pedid todo lo que queréis, y os será hecho" (Jn. 15:7).

La Palabra de Dios nos dice que si nosotros, como padres humanos, sabemos darles cosas buenas a nuestros hijos, cuánto más nuestro Padre celestial les dará cosas buenas a quienes le pidan (ver Mt. 7:11). Imagínate que tu hijo o tu hija se acerca a ti y a tu cónyuge y les dice: "Mamá y papá, quiero hacer todo lo que los haga felices. Yo sé que ustedes tienen mucha más experiencia que yo y que podré evitar muchos errores si sigo el consejo y la instrucción de ustedes.

Les ruego que me guíen y me dirijan. Seguiré sus instrucciones lo mejor que pueda".

¿Puedes imaginarte, como respuesta, ir a un cuarto privado con tu cónyuge para conspirar y decir: "Ahora nuestro hijo se ha entregado completamente en nuestras manos. Está a nuestra merced. Por lo tanto, vamos a hacer todo lo posible para que se sienta mal, desdichado y defraudado"?

Esto es absurdo. Si nosotros no trataríamos a nuestros hijos de esta manera, ¿cuánto menos nuestro Padre celestial nos trataría de esta manera? "Pues si vosotros, siendo malos, sabéis dar buenas dádivas a vuestros hijos, ¿cuánto más vuestro Padre que está en los cielos dará buenas cosas a los que le pidan? (Mt. 7:11). "Como el padre se compadece de los hijos, se compadece Jehová de los que le temen" (Sal. 103:13).

Con la entrega, viene la confianza que vence la preocupación. Lot puso su tienda hacia Sodoma. ¡Qué lástima! Lot era un hijo de Dios; 2 Pedro 2:7-8 lo especifica. Pero Lot siguió su propio camino y no el de Dios. Como resultado de su desobediencia sufrió pérdida, una gran pérdida. El Señor le dijo que se fuera de Sodoma. Sus hijas casadas, sus yernos y sus nietos no se fueron con él. Los padres podrían llevar a sus hijos a Sodoma, pero raras veces podrán sacar a sus hijos de allí después de estar por mucho tiempo.

Lot perdió a su esposa. Ella se volvió estatua de sal. Perdió todas sus posesiones, su posición en la ciudad, su prestigio. Perdió el respeto de sus dos hijas casadas, quienes, en una cueva, lo emborracharon y luego cometieron incesto con él, por lo cual llegó a ser padre de un hijo de cada una de ellas.

¡La aflicción y la ansiedad que se habría evitado Lot, si tan solo se hubiera rendido al Señor! Se dejó robar "las peticiones de su corazón" porque no quiso "deleitarse en el Señor".

La entrega comienza con un simple paso

Una joven madre me vino a ver durante una serie de conferencias en una ciudad distante. Yo le dije que no daba consejería. Pero su pastor, un hombre mayor con discernimiento divino, me suplicó que rompiera mi regla y le diera una cita a esta mujer. Y acepté.

Ella estaba totalmente turbada mental y emocionalmente. La angustia de su corazón estaba torturando su cuerpo y se reflejaba en su rostro. Había estado bajo atención psiquiátrica por más de cuatro años y medio, tiempo durante el cual se la había sometido a terapias de electrochoque. Ella, una cristiana profesante, daba todas las evidencias de querer hacer sinceramente la voluntad de Dios.

Después de algunas preguntas breves, pero pertinentes, le pregunté de forma directa si había sucedido algo en su vida, ya sea años atrás o más recientemente, que le estuviera obsesionando.

Ella dijo que sí. Era un pecado cometido durante la adolescencia. Le pregunté si se lo había confesado al Señor. Ella me aseguró que sí. Puesto que estaba implicada una segunda persona, y que una tercera persona estaba al tanto de ello, el pensamiento de que su negligencia pudiera salir a la luz la aterraba. Ella no podía soportar la posibilidad de que sus hijos, ya adolescentes, pudieran descubrirlo; por lo cual, estaba considerando seriamente el suicidio.

Le dije: "Por lo que observo, imagino que se lo ha confesado al Señor una y otra vez; probablemente miles de veces. ¿Es verdad?".

Ella asintió con su cabeza.

—Mire, en realidad, usted ha hecho pasar por mentiroso a Dios. Usted le confesó el pecado una vez. Dios prometió perdonarla completamente, como leemos en 1 Juan 1:9: "Si confesamos nuestros pecados, él es fiel y justo para perdonar nuestros pecados, y limpiarnos de toda maldad" —le dije. Y añadí:

—La razón por la que está soportando esta tortura surge de su falta de disposición a rendirse completamente al Señor. Usted no confía en Él. No está dispuesta a creer sus palabras. Él la ha perdonado, pero usted se niega a creerlo. Se niega a perdonarse a usted misma. Está cometiendo el error de pensar que el arrepentimiento es quejarse, y que un examen de conciencia es perturbar sus pensamientos. Ahora lo que debe hacer es creer lo que Dios dice.

—Ríndale toda su vida a Él. Ríndale las limitaciones de su mente finita y reciba la seguridad de su Palabra inalterable. Él la ha perdonado. Ahora en completa entrega, créalo. No puedo prometerle que la verdad nunca saldrá a la luz, o que sus hijos nunca se van a enterar de ello. Pero debido al estado de perturbación en el que se encuentra en este momento, un estado mental casi psicótico, les está privando a sus hijos de la madre que necesitan. Y, recuerde la promesa de nuestro Señor: "…Bástate mi gracia; porque mi poder se perfecciona en la debilidad…" (2 Co. 12:9).

Su esposo más tarde dijo: "No sé que le ha sucedido, pero es una mujer diferente. Tiene un brillo y una vitalidad que nunca he visto antes en ella. Hasta los niños lo han notado".

Hombres de negocios de todo el mundo, petrificados por el temor y paralizados por la ansiedad de un posible revés económico en sus empresas, podrían disfrutar del éxito en sus negocios y aun más si tan solo se rindieran a Dios y lo hicieran participar de sus empresas.

Hogares interiormente divorciados, donde los cónyuges viven juntos bajo protesta en una atmósfera de tensión, podrían convertirse en un atrio celestial si ellos tan solo se rindieran a Jesucristo. Aunque está trillado, de todas maneras es cierto que si edificaran su hogar sobre la Roca, que es Cristo, no estarían a punto de derrumbarse en el caos. Por eso, aquí está el secreto de la confianza: rendirse a Cristo.

Recuerda: "Todo lo puedo en Cristo que me fortalece" (Fil. 4:13). Él te dará las fuerzas para cumplir con las leyes del dominio propio, la relajación, la programación, la mayordomía, la destreza, el amor al trabajo, el control de tus pensamientos y el entusiasmo —todos factores que contribuyen al dominio de la confianza— si tan solo le rindes tu voluntad a Él.

21

PASA TIEMPO CON DIOS EN ORACIÓN

La oración es la mejor telefonía celular que puedes tener. Puedes usarla en todo lugar (incluso en el subterráneo) y te comunica con el Creador del universo. Es directa y personal.

La fórmula de Pablo para vencer la preocupación es alabanza, confianza y oración. No se puede omitir la oración. Por eso, la respuesta del apóstol va mucho más allá del pensamiento positivo. Para vencer la preocupación, es necesario comunicarse eficazmente con Dios. Como Pablo dijo: "Por nada estéis afanosos; antes bien, en todo, mediante oración y súplica con acción de gracias, sean dadas a conocer vuestras peticiones delante de Dios" (Fil. 4:6 BLA).

La paz es posible solo para aquellos que han llegado a Dios a través de Cristo, que es el Príncipe de Paz. La Biblia dice: "No hay paz, dijo mi Dios, para los impíos" (Is. 57:21). La palabra *impíos* no se refiere solamente a los pillos, los "buenos para nada", los canallas de la sociedad. Los impíos son aquellos que, sin arrepentirse de sus pecados, ya sea por rechazo o dejadez, no se han acercado al Hijo de Dios con fe. No lo han recibido en su corazón.

La oración nos lleva al centro de la vida

Lee detenidamente lo siguiente, pues lo que vas a leer es una verdad que te sorprenderá:

"Y él os dio vida a vosotros, cuando estabais muertos en vuestros delitos y pecados, en los cuales anduvisteis en otro tiempo, siguiendo la corriente de este mundo, conforme al príncipe de la potestad del aire, el espíritu que ahora opera en los hijos de desobediencia" (Ef. 2:1-2).

La Palabra de Dios aquí establece que aquellos que reciben a Jesucristo como su Salvador y Señor, están "muertos en [sus] delitos y pecados". Y como aquel que está muerto en delitos y pecados, tú estás muerto en Dios y en cada cualidad propia de su naturaleza.

¿Cuáles son estas cualidades? Entre ellas están la santidad, la rectitud, el amor, la verdad, la sabiduría, la justicia y el poder. Si estás muerto en Dios, por consiguiente estás muerto e insensible a la santidad, la rectitud, el amor, la verdad, la sabiduría, la justicia y el poder.

Ahora bien, haz una pausa por un momento y piensa qué significa esto. Sin duda, aquellos que están muertos en sus pecados, y por consiguiente muertos en Dios, han establecido sus normas. Lamentablemente no son las normas de Dios. "Cada hombre se concibe como una ley en sí mismo". Esto explica las discordias matrimoniales, las peleas domésticas, el partidismo civil, el antagonismo obrero-patrón, el crimen nacional y las tensiones internacionales.

Una persona muerta en sus pecados, y por lo tanto muerta en Dios, está viva en Satanás y en las cualidades propias de su naturaleza. Algunas de estas son el pecado, la hostilidad, el error, la insensatez, la injusticia, las debilidades y el temor. Satanás domina y controla a los hijos de desobediencia. Lee Efesios 2:1-2 otra vez: Satanás es "...el espíritu que ahora opera en los hijos de desobediencia".

Alguien podría objetar: "Bueno, yo no soy borracho. No soy asesino. No soy promiscuo. No robo ni blasfemo".

Por supuesto que no. A Satanás no le interesa que todos lleven el pecado al extremo. Él se transforma en un ángel de luz filosófica, luz moral, luz social, luz política y luz cultural. Satanás es un experto en las relaciones públicas.

Hasta que no te acercas a Jesucristo, te reconoces pecador y aceptas por fe la salvación que Él te ha dado, estás espiritualmente muerto. La muerte significa separación. La muerte física significa que el cuerpo está separado de la personalidad. Con personalidad me refiero a todas las facetas invisibles de nuestro ser, incluso el alma, el espíritu, la mente y el corazón. La muerte espiritual es estar separados de Dios en esta vida. La muerte eterna es nuestra separación irremediable e inalterable de Dios para siempre.

Ahora bien, si tú estás espiritualmente muerto, estás separado de Dios. Por consiguiente, no tienes paz. Ni puedes tener paz alguna. Puedes usar el poder del pensamiento positivo, recurrir a la psicología Gestalt o adherirte a la terapia freudiana, pero no te servirá de nada. Tú única esperanza está en Cristo, el Príncipe de Paz, a través del cual tienes acceso a Dios.

La vida es unión, como la muerte es separación. La vida física es la unión del cuerpo y la personalidad. La vida espiritual es la unión con Dios a través de Cristo. Cuando tú recibes al Señor Jesucristo como tu Salvador, no solo recibes un nuevo concepto, un nuevo credo o una nueva fórmula para vivir. Recibes a una Persona: "Cristo en vosotros" (Col. 1:27). Recibes una nueva naturaleza: "por medio de las cuales nos ha dado preciosas y grandísimas promesas, para que por ellas llegaseis a ser participantes de la naturaleza divina, habiendo huido de la corrupción que hay en el mundo a causa de la concupiscencia" (2 P. 1:4).

La vida eterna es la vida de Dios en el alma del creyente. Para un hijo de Dios, aquello que llamamos muerte física no es más que una transición de la vida a una vida más abundante, del tiempo a la eternidad, de lo finito a lo infinito. Por lo tanto, cuando recibimos vida espiritual, recibimos en esta tierra —en la misma especie, aunque no en el mismo grado— todo lo que disfrutaremos en el cielo: comunión con Dios, el favor de Dios, victoria sobre el pecado, el amor que trasciende, motivación divina y paz.

Cómo ya he mencionado, la fórmula para la paz —la victoria sobre la preocupación— es alabanza, confianza y oración. Ningún incrédulo puede tener esta paz perfecta. La oración del injusto es abominable para Dios (ver Pr. 28:9). Dios no escucha a quienes persisten en la incredulidad. "Si en mi corazón hubiese yo mirado a la iniquidad, el Señor no me habría escuchado" (Sal. 66:18).

La única manera de que alguien pueda llegar a Dios es a través de Jesucristo. "Jesús le dijo: Yo soy el camino, y la verdad, y la vida; nadie viene al Padre, sino por mí" (Jn. 14:6). El hombre ciego que Cristo sanó en Juan 9 dijo una verdad —una verdad que no se refuta en ninguna parte de la Palabra de Dios— al declarar: "Y sabemos que Dios no oye a los pecadores; pero si alguno es temeroso de Dios, y hace su voluntad, a ése oye" (Jn. 9:31).

Las palabras del griego para oración

¿Cuáles son los aspectos prácticos detallados de la oración? Pablo nos da esta instrucción:

> "Por nada estéis afanosos; antes bien, en todo, mediante oración y súplica con acción de gracias, sean dadas a conocer vuestras peticiones delante de Dios" (Fil. 4:6 BLA).

Pablo usa tres palabras del griego diferentes para referirse a la oración en este versículo:

- La primera palabra, traducida "oración", se refiere a la presentación de los deseos y anhelos a Dios. Esta palabra indica la disposición de ánimo que se requiere de aquel que ora: un estado de devoción. La palabra se refiere a una unión sin restricción entre los seres humanos y Dios. Lo que más honra a Dios y te beneficia a ti es el hábito de la oración. Podríamos llamarlo "ambiente de oración" o "disposición de oración". Esto incluye adoración, acción de gracias, confesión e intercesión.
- La segunda palabra, traducida "súplica", viene de una palabra griega que significa "ruego", una "búsqueda", "necesidad", "indigencia". Se refiere a un ruego motivado por un gran sentido de necesidad, una necesidad extrema. De hecho, la forma verbal de esta palabra en el texto original griego significa "necesitar". Por lo tanto, esta palabra se refiere claramente a las oraciones

de petición que expresan las necesidades personales. Esta oración es una petición especial por la provisión de nuestras necesidades, un acto de interpelación. Se refiere estrictamente a un ruego a Dios para que supla nuestras necesidades y carencias.

- La tercera palabra, traducida "peticiones", se refiere a aquellas cosas que un cristiano le pide —e incluso le reclama— a Dios.

Nada está vedado en la oración

Un día, mi padre estaba cambiando una bombilla eléctrica fundida de la luz trasera de nuestro viejo automóvil. Mientras la cambiaba, notó que se le había perdido uno de los pequeños tornillos en el césped crecido. Aquella noche él tenía una cita urgente y no tenía mucho tiempo que perder. Buscó y buscó aquel tornillo, pero no le sirvió de nada.

Mi hermano menor, Tom, que en ese entonces tenía cinco o seis años, estaba jugando con un amiguito de la casa de al lado. Finalmente mi papá los llamó para que le ayudaran a encontrar el tornillo. Cuando mi papá les dijo de qué se trataba, Tom le preguntó:

—¿Oraste para encontrarlo?

—No, no oré, Tom —respondió mi padre.

—Bueno, vamos a orar, papi —dijo Tom.

Entonces Tom oró más o menos así: "Padre celestial, papito ha perdido el tornillito que necesita para el automóvil. Él no lo puede encontrar, y es urgente. Ayúdanos a encontrarlo. Gracias, Jesús. Amén".

Lo creas o no, tan pronto como Tom terminó de orar, mi padre puso su mano en el césped y encontró el tornillo. ¿Coincidencia? ¡Para nada! Fue una clara respuesta a la oración.

Si todo te preocupa, ora por todo. Como Pablo dijo en Filipenses 4:6 (BLA) "Por nada estéis afanosos; antes bien, en todo, mediante oración y súplica con acción de gracias, sean dadas a conocer vuestras peticiones delante de Dios".

Podrías orar por las cosas más pequeñas o por las más grandes. No le pongas límites al cuidado de Dios. La oración abarca un amplio espectro. Puedes orar por la plenitud del Espíritu Santo, como por un par de zapatos. Ora a Dios por los alimentos que comes, el agua que tomas y la ropa que usas.

¿Acaso no está al tanto Dios de la muerte de cada pájaro? ¿Acaso no ha contado Él los cabellos de tu cabeza? (Mr. 10:29-31). Hasta las cosas que consideras grandes son pequeñeces para Él, aunque Él las trate como si fueran importantes. Toda la tierra es como un grano de arena en la playa comparado al tamaño del universo. Si te preocupan cosas insignificantes, ora por las cosas insignificantes.

Pedro dijo que oremos "echando toda [nuestra] ansiedad sobre él, porque él tiene cuidado de [nosotros]" (1 P. 5:7). La palabra "ansiedad" la hemos tratado anteriormente con referencia a la preocupación y la mente dividida. La palabra "cuidado" se refiere al solícito interés de Dios en nuestro bien. Así el versículo nos invita a echar todas nuestras preocupaciones y divisiones mentales sobre Él, porque Él quiere lo mejor para nosotros. Despójate de todas tus preocupaciones.

Hay un antiguo cántico de Charles Albert Tindley, cuyo coro dice:

> Déjala, déjala.
> Dale tu carga al Señor
> y déjala.
> Si confías sin dudar,
> Él te hará descansar.
> Dale tu carga al Señor
> y déjala.

Cómo dejar tu carga

El problema es que aparentamos darle nuestras cargas al Señor, pero en vez de dejárselas a Él, las volvemos a llevar a nuestra casa.

Unos amigos cercanos de nuestra familia vivían en Darlington, Maryland, a principios de los años cuarenta. El esposo y padre había sido compañero de clase de mi padre cuando iban a la escuela. Esta pareja de Darlington tenía ocho hijos.

La madre, a la que le decíamos cariñosamente tía Edith, estaba volviendo de la casa de una vecina un sábado por la tarde. Al acercarse a su casa, vio a sus cinco hijos menores amontonados y concentrados en algo de gran interés. Después de tratar de descubrir el centro de atracción por unos minutos, se acercó más y vio que estaban jugando con ¡unas pequeñas mofetas!

Espantada, gritó tan fuerte como pudo: "¡Corran, niños!". ¡En ese momento, cada uno agarró a una mofeta y se echaron todos a correr!

¿No es exactamente lo mismo que hacemos con nuestras cargas y ansiedades? Se las damos al Señor en oración, y Él dice: "¡Déjalas y corre!". En cambio, las abrazamos tan fuerte que el olor de estas queda impregnado en nosotros, ¡y después nos preguntamos por qué nuestros amigos encuentran nuestra presencia nauseabunda! Sin embargo, como cristianos no hay problema demasiado grande o demasiado pequeño para Dios. Déjale el problema a Él. Te haría bien reflexionar en este emocionante concepto.

A. T. Pierson, un maestro de la Biblia, se reunió un día con George Müller, el fundador de muchos orfanatos ingleses. Müller le estaba contando a Pierson algunas de las cosas maravillosas que Dios había hecho por los orfanatos que él había fundado en Bristol. Müller escribía mientras hablaba; al rato, Pierson notó que estaba teniendo dificultades con la punta de su bolígrafo. De repente, Müller inclinó su cabeza en oración por un momento, y luego comenzó a escribir otra vez. Pierson le preguntó por qué había orado.

—Por la punta de este bolígrafo —respondió Müller—. No está funcionando bien. Esta es una carta importante y le estaba pidiendo al Señor que me ayudara a escribirla nítidamente.

—¡Vaya, vaya! —respondió Pierson—. ¡Un hombre que confía en Dios por millones de dólares también ora por la punta áspera de un bolígrafo!

Si George Müller hubiera sido como muchos de nosotros, se hubiera puesto nervioso y molesto con el mal funcionamiento del bolígrafo. Posiblemente se hubiera exasperado con el hombre que le vendió el bolígrafo o la compañía que lo fabricó. Tal vez hubiera sucumbido al morboso cuestionamiento de por qué no había comprado un bolígrafo de otra marca, en vez de ese instrumento de escritura miserable que le estaba causando tanto problema. O podría haber arrojado el bolígrafo al suelo indignado y haber dejado de escribir la carta, aunque más tarde su consciencia lo hubiera aguijoneado por no haberla escrito.

El estrés y la ansiedad pudieron haberse multiplicado de varias maneras por ese diminuto incidente. Pero no fue así, porque George Müller no tuvo miedo de orar por un asunto pequeño como la punta áspera de un bolígrafo.

Algo suficientemente grande como para preocuparnos es suficientemente grande para orar

Este libro habla acerca de una fórmula para vencer la preocupación. Pero esta fórmula no funcionará a menos que utilices el poder del Dios Todopoderoso. En tus oraciones, pídele a Dios que te dé la gracia de poder gozarte, controlar tus sentimientos y dar gracias por sus bendiciones sobre tu vida. Pídele que te dé la gracia de responder a la ingratitud con serenidad. Acude a Él por la gracia de poder interesarte genuinamente en otras personas. En oración, busca a Dios para que te ayude a vivir con la consciencia de su cercanía y, por consiguiente, a mostrar la confianza que es la marca distintiva de su presencia en ti. Pídele a Dios que te dé la gracia de tener la actitud de Cristo. "Haya, pues, en vosotros esta actitud que hubo también en Cristo Jesús" (Fil. 2:5 BLA).

Mediante la oración, tendrás la ayuda divina que necesitas para lograr dominio propio, relajación, entusiasmo, organización, vivir cada día al máximo, desarrollar una destreza y ser trabajador. Pasa tiempo con Dios en oración hasta que conozcas su pensamiento y hagas su voluntad en todos los asuntos importantes de la mayordomía. Mediante la vida de oración correcta, serás fortalecido para vivir la vida de entrega tan esencial para la confianza que vence la preocupación.

En la oración, puedes reproducir la petición de hombres y mujeres fervientes de antaño, que recurrieron a Jesús y le dijeron: "Enséñanos a orar". Las respuestas directas de Dios a tus oraciones te darán la fortaleza para batallar y vencer el malicioso pecado de la preocupación. Además de las bendiciones de la oración en sí, también hay un valor terapéutico en el tiempo mismo que pasas en quietud delante de Dios.

Ora por todas las cosas. Ora, y vence tus preocupaciones.

22

SÉ DÉBIL

La oración es el medio a través del cual accedemos a la fortaleza de Dios. Solo cuando desechamos nuestra propia fortaleza, somos fortalecidos.

El Señor mismo es nuestra fortaleza. No ores y digas: "Señor, dame fortaleza", como si le estuvieras pidiendo una cualidad que no fuera propia de Él. Sino más bien ora: "Oh, Señor, sé Tú mi fortaleza". El apóstol Pablo mencionó la fuente de nuestra fortaleza en Efesios 3:20: "Y a Aquel que es poderoso para hacer todas las cosas mucho más abundantemente de lo que pedimos o entendemos, según el poder que actúa en nosotros". La palabra traducida "actúa" proviene de la palabra griega *energeo*. Y la palabra traducida "poder" es la palabra griega *dunamis*, de la cual obtenemos la palabra *dinámica*.

Así como Satanás y los poderes de las tinieblas dan energía al incrédulo, Dios da energía al cristiano obediente. Él se convierte en la dinámica divina mediante el cual el creyente vence todas las cosas, incluso la preocupación. El mismo poder que da brillo a cada estrella, afila cada hoja de la hierba, lanza cada ola hacia la costa, que formó el cuerpo de nuestro Salvador, resucitó a Jesús de la muerte y resucitará nuestros cuerpos o los transfigurará en la hora de gloria, es el mismo poder que está disponible para cada cristiano obediente. Y este poder está a nuestra disposición por medio de la oración.

Pero recuerda: este poder está disponible solo para aquellos que son débiles.

La ayuda de Dios es solamente para aquellos que confiesan su indefensión. "Y me ha dicho: Bástate mi gracia; porque mi poder se perfecciona en la debilidad. Por tanto, de buena gana me gloriaré más bien en mis debilidades, para que repose sobre mí el poder de Cristo. Por lo cual, por amor a Cristo me gozo en las debilidades, en afrentas, en necesidades, en persecuciones, en angustias; porque cuando soy débil, entonces soy fuerte" (2 Co. 12:9-10).

Nuestra fortaleza se encuentra en la indefensión característica de un niño. Si te sientes indefenso, vacíate de ti mismo en oración y confía en Él, que es nuestra fortaleza. La misma esencia del significado de la palabra *oración* es que necesitas ayuda más allá de tus propias fuerzas.

La razón por la cual muchos de nosotros no oramos es que somos demasiados fuertes; fuertes en nuestra falsa, jactanciosa y presumida fortaleza. Somos fuertes en nuestra propia fuerza, cuyo mismo núcleo es total indefensión, vacío y debilidad.

Cuando te preocupas, te estás entrometiendo en la providencia de Dios. Te estás considerando el padre de familia, en vez del hijo. Estás procediendo como el amo del reino de Dios, en vez del siervo a quien el Amo provee.

La base de la oración es la necesidad del hombre y la capacidad de Dios de suplir esa necesidad. En realidad, cuando oras, estás confesando tu estado de indefensión total. Te estás vaciando de ti mismo y confiando total y enteramente en Dios. Te estás deleitando en el Señor. En consecuencia, el Señor te concede los deseos de tu corazón.

Nuestras necesidades son numerosas. Nuestras perplejidades son diversas y variadas. No te preocupes. En cambio, convierte tu preocupación en una oración. Sigue el ejemplo de Pablo, que dijo: "...no consulté en seguida con carne y sangre" (Gá. 1:16). Consultar a los demás acerca de tus preocupaciones en vez de llevárselas a Dios es un factor desencadenante que incrementa tu preocupación.

La mujer que encuentra su debilidad y la victoria de Dios

Hace años, mientras aún estaba en el pastorado, concluí el servicio del domingo por la noche con una bendición sacerdotal. Aun antes que terminara la respuesta del coro, una ansiosa mujer corrió hasta donde yo estaba y me preguntó si podía hablar con su hijo, que tenía convicción de sus pecados y quería ser salvo.

Fue un gozo para mí ver a aquel muchacho entusiasta y energético entrar en paz con Dios por medio de Cristo. Pasamos un tiempo juntos, en oración. Cuando me levanté para despedirlos, me di cuenta de que la madre estaba atormentada y me miraba como si dijera: "Tengo grandes dificultades. ¿Puede ayudarme?".

Le pregunté si necesitaba hablar conmigo. Ella aprovechó la oportunidad como un hombre que se está ahogando aprovecharía un chaleco salvavidas. Le pedí al muchacho que pasara a la oficina contigua por un momento. Miré a la madre y le dije: "Muy bien. ¿Me podría contar el problema que le está causando tanta aflicción?".

Ella estalló en llanto.

Le aseguré que después de haber sido pastor de una iglesia de más de tres mil miembros durante tantos años, no había nada que me espantara. Además le recordé que guardaría todo en la más estricta confidencialidad.

Déjame hacer un alto para decirte que esta mujer era uno de los miembros destacados de la iglesia. Daba una de las clases de la escuela dominical y era una reconocida líder del centro de capacitación y de la sociedad misionera de mujeres. Nunca se perdía un servicio. Diezmaba fielmente. Conocía la Biblia. Estoy seguro de que si la Organización Gallup hubiera hecho un sondeo de la membresía, esta mujer hubiera estado entre los miembros más respetados.

Finalmente, me contó toda su historia. Me quedé pasmado de asombro, mientras ella contaba la historia más sórdida de falsedad y pecado que jamás había escuchado de una mujer supuestamente respetable. Al final, dijo casi a gritos: "Pastor, ¿he cometido el pecado imperdonable?".

Fue un gozo poder asegurarle que, conforme a la Palabra de Dios, si ella realmente deseaba arrepentirse, Dios la perdonaría. Y la reconforté con las palabra de Jesús, cuando dijo: "…al que a mí viene, no le echo fuera" (Jn. 6:37).

Durante once años, esta mujer había estado tratando de ganar, con sus propias fuerzas, la batalla de la vida. Aunque aún no había llegado a los cuarenta años, había envejecido considerablemente. Su estado de salud era malo. Estaba bajo atención psiquiátrica. Al final, acudió a Cristo y se convirtió en una cristiana simpática y alegre. Recuperó su salud, y su mente fue libre del yugo de la preocupación que le estaba arruinando la vida.

No fue hasta que confesó su estado de indefensión, se vació de sí misma y dependió completamente de Dios, que recibió la fortaleza para vivir con dinamismo. Después, como una hija de Dios, pudo tener una vida de oración que le ayudó a mantener la comunión con su Padre y el canal abierto por donde Él pudiera conferirle su fortaleza cada día, a cada momento.

23

COMIENZA BIEN EL DÍA

omenzar el día con oración fortalecerá tu confianza. Recuerda la historia de Daniel. Él había sido acosado por hombres que buscaban su destrucción. A pesar de todo, no alteró su hábito de oración en lo más mínimo. No se perturbó en su espíritu. Al contrario, siguió orando a Dios tres veces al día con un espíritu de profunda humildad, y el reconocimiento de su absoluta dependencia de Él.

¿Era esta una señal de debilidad? ¡No! Era una señal de fortaleza. Efectivamente, Daniel se postraba en tierra delante de Dios, pero no perdió su audacia delante de la ira del rey Darío. Lloraba como un niño cuando se arrodillaba delante de su Dios, pero se enfrentó sin temblar a la quijada de los leones hambrientos. ¡Qué confianza!

La oración te hace eficiente. Este hecho debería producir también un mayor interés en ella. Martín Lutero no se estaba vanagloriando cuando dijo: "Tengo tanto que hacer, que no puedo dejar de pasar tres horas al día en oración".

Los beneficios de la oración

¿Qué hace exactamente la oración?

1. La oración nos ahorra tiempo

La oración ahorra tiempo, pues nos prepara para las actividades del día y las relaciones personales. Ahorra tiempo, pues prepara a

173

aquellos que se relacionarán con nosotros. Ahorra tiempo, pues pone a nuestra disposición la sabiduría que, a su vez, nos lleva a tomar decisiones rápidas y correctas. "Y si alguno de vosotros tiene falta de sabiduría, pídala a Dios, el cual da a todos abundantemente y sin reproche, y le será dada" (Stg. 1:5).

Esto, desde luego, redunda en tranquilidad de espíritu. Muchas personas se ponen nerviosas, mientras caminan de un lado al otro, y malgastan un tiempo precioso simplemente porque no saben qué hacer o cómo hacerlo. El Señor ha prometido darles la sabiduría que necesitan, pero la desechan o no la aprovechan. La resultante pérdida de tiempo y de paz es incalculable.

Qué ridículo es que los cristianos pidan sabiduría y después concluyan su oración inmediatamente. ¿Qué pensarías de un hombre que entra a tu casa y, con absoluta vehemencia, te hace una pregunta, pero después se da la vuelta y se va antes de que le respondas? Recuerda, la oración no es una calle de una sola vía. Es una calle de dos vías.

2. La oración nos da acceso a una inteligencia infinita

La oración disipa la niebla de la ignorancia humana. Hace desaparecer las tinieblas de los errores de juicio autodestructivos. Los cristianos que oran, aunque tengan una educación limitada, son receptores de una adecuada perspectiva y un fuerte entendimiento que les imparte Aquel que es la Verdad.

3. La oración pone la gracia a nuestra disposición

La oración nos da la gracia necesaria para bloquear los pensamientos negativos, las actitudes molestas y las preocupaciones que nos torturan la mente y nos dañan el cuerpo. La oración nos ayuda a "[derribar] argumentos y toda altivez que se levanta contra el conocimiento de Dios, y [llevar] cautivo todo pensamiento a la obediencia a Cristo" (2 Co. 10:5). Cuando nuestros pensamientos son los de Cristo, no son pensamientos de preocupación.

4. La oración nos brinda fortaleza divina

La oración nos permite cumplir adecuadamente las responsabilidades que Dios nos ha dado. Durante su ministerio terrenal, el Señor oraba cada vez que tenía que cumplir una misión importante.

5. La oración puede cambiar las circunstancias negativas

La oración puede remediar las circunstancias que nos hacen perder el tiempo y a la vez nos producen una aflicción destructiva. ¿Recuerdas la oración de Moisés y Aarón a favor de su hermana María, que estaba padeciendo de lepra? (ver Nm. 12). ¿Cómo hubiera terminado aquella historia si no hubiera sido por la oración de ellos?

6. La oración nos conduce a la armonía

Lee otra vez los primeros capítulos del libro de los Hechos. Qué historia diferente se hubiera escrito si no hubiera sido por la oración de ciento veinte personas en el aposento alto. La armonía que predominaba entre ellos era un producto derivado de sus vidas de oración. Leemos en cuanto a ellos: "Todos los que habían creído estaban juntos, y tenían en común todas las cosas" (Hch. 2:44). La preocupación no puede sobrevivir en una atmósfera de semejante armonía.

7. La oración produce fe

Y la fe, por supuesto, es el antídoto para la preocupación.

La fe es actuar basado en la certeza de la palabra de otra persona. El cristiano que es fiel en su vida de oración actúa basado en la certeza de la Palabra de Dios. Se acerca a Él con todos sus conflictos, todas sus grandezas y todas sus miserias. Actúa basado en la certeza de la Palabra de Dios, que dice que si se deleita en el Señor, Él le concederá las peticiones de su corazón. Él ora, y Dios responde sus oraciones.

Y la respuesta de Dios genera mayor fe; un mayor entusiasmo y una sincera disposición de actuar basado en la certeza de la Palabra de Dios.

8. La oración produce seguridad interior

La persona que pasa tiempo en oración de modo regular llega a tener la profunda convicción de que la Palabra de Dios es fiel cuando nos dice: "…No te desampararé, ni te dejaré" (He. 13:5). La resultante seguridad interior produce mayor eficiencia. Por ejemplo, conozco a un hombre que siempre insistía en pagar la cuenta del restaurante cada vez que salía con sus amigos a comer. Si iba a ver un partido de béisbol con otros, insistía en pagar las entradas. Siempre hacía regalos costosos; regalos que no podía costear. ¿Por qué? Su terrible inseguridad es la única respuesta que puedo concebir. Él compensaba su falta de seguridad interior al tratar de ganarse la amistad de un sinnúmero de personas, cuyas amables respuestas a su generosidad le daban un sentido pasajero de bienestar.

Cómo recibir el poder del Espíritu de Dios

Cuando una persona tiene una buena relación con Dios, tiene en su interior todos los ingredientes necesarios para proporcionar seguridad, gozo y paz, independientemente de su condición externa. Esta relación se mantiene solo en la medida que la persona pase tiempo con Dios de manera regular.

¿Por qué orar? Porque la oración es el medio a través del cual tú permites e invitas a Dios a darte la fuerza para vivir victoriosamente y vencer al mundo, la carne y al diablo. A través de la oración, recibes el poder del Espíritu de Dios para vencer la debilidad de la carne e incluso la preocupación.

Cuando comienzas el día con oración, tus pensamientos están en Cristo, no en tus preocupaciones.

24

ORA CON EFICACIA

A partir de la enseñanza de Filipenses 4:6, sería bueno que meditemos en los elementos de la oración eficaz.

Para vencer tus preocupaciones, ora inteligentemente

"Sean conocidas vuestras peticiones delante de Dios".

Cierto hombre pasaba seis horas en oración cada día. Para no quedarse dormido, se quedaba parado y se apoyaba sobre una cuerda. Si se quedaba dormido, se caía.

¿Qué clase de oración hacía? Repetía: "No hay otro Dios que Dios". "No hay otro Dios que Dios". Repetía lo mismo todo el tiempo. No le imploraba a Dios que le diera nada; simplemente repetía las palabras como un mantra.

A pesar de su dedicación, eso no era orar. Si tú te arrodillas y simplemente repites cierta fórmula, solo estás recitando palabras. No estás orando.

En ocasiones, los protestantes han criticado a cristianos de otras tradiciones por usar libros de oraciones, rezos o rosarios. Pero hay muchos protestantes que han reducido la oración a algo completamente formulista. Hacen oraciones como las que hacía el granjero que cada noche oraba: "Oh, Señor, bendice mi vida y la vida de mi esposa, de mi hijo Juan y de su esposa. Bendícenos a los cuatro, nada más. Amén".

Dios no te escucha por tu gran oratoria.

En el monte Carmelo, los fanáticos profetas de Baal se cortaban el cuerpo y recitaban en tono monótono y repetitivo: "¡Oh, Baal, escúchanos!". Ellos no estaban orando. La Biblia nos dice que presentemos nuestras peticiones delante de Dios.

Por lo tanto, preséntate delante de Dios y dile lo que quieras. Ábrele tu corazón. A Él no le interesan las palabras rimbombantes. Estudia las oraciones de la Biblia, y te impresionarán su franqueza y sencillez. Aquellas personas simplemente hablaban con Dios. Por lo tanto, háblale como le hablas a tu madre, a tu padre o a tu amigo.

Y no pienses que Dios disipará tus preocupaciones por el solo hecho de arrodillarte un rato cada mañana y cada noche. Ora inteligentemente. Cuéntale a Dios tus problemas. Dile que has pecado, que estás preocupado. Dile que quieres tener victoria sobre ello.

Para vencer tus preocupaciones, ora específicamente

Las oraciones indefinidas, por lo general, son oraciones fingidas y poco sinceras.

No hay carga, no hay urgencia, no hay una dificultad abrumadora en la oración indefinida. La oración indefinida muestra que no estás seguro de la voluntad de Dios. Por consiguiente, no sabes qué orar. Tales oraciones suelen indicar que estás confiando en el hecho de orar y no en Dios que responde las oraciones.

Nuestras mentes están tan estructuradas que no podemos orar específicamente por varias cosas al mismo tiempo. Jesús dijo: "todas las cosas por las que oréis y pidáis, creed que ya las habéis recibido, y os serán concedidas" (Mr. 11:24 BLA). Fíjate que es imposible orar específicamente por cosas indefinidas.

Si tu problema es la preocupación, ora específicamente por este problema. Ora específicamente para que Dios te dé la victoria sobre tu falta de confianza en Él. Ora para que Dios te perdone por entrometerte en su providencia al tratar de cumplir con tus propias fuerzas la responsabilidad que Dios te ha dado. Pídele la gracia para echar todas tus preocupaciones sobre Él.

Además de todo esto, ora específicamente por los problemas que te provocan ansiedad. Si es un hijo descarriado, ora definida y específicamente para que se haga la voluntad de Dios en su vida y para que, mientras tanto, te dé la gracia de vivir en victoria.

Si estás atravesando una dificultad financiera, ora específicamente para que Dios te permita ver si no has sido sabio en la administración de tu dinero. Si fue así, pídele perdón. Ora concretamente para que Él te dé la sabiduría y la gracia de hacer lo que puedes hacer. Ora para que Él haga milagrosamente lo que tú no puedes hacer. Después descansa en la verdad del Salmo 37:25: "Joven fui, y he envejecido, y no he visto justo desamparado, ni su descendencia que mendigue pan".

Si sufres de trastornos estomacales, ora específicamente por ello. No digas tan solo: "Señor sana mis trastornos estomacales". Averigua las causas de tu condición. Sé específico. Sé definido. Y después presenta tus peticiones delante de Dios. O como bien dice la Palabra: "Sean conocidas tus peticiones delante de Dios".

De vez en cuando, escucho que las personas dicen: "Dios escuchó mi oración, pero la respondió un poco diferente de lo que esperaba".

Pero Dios da respuestas específicas a oraciones específicas.

Imagínate si yo tuviera cinco hijos y orara: "Señor, salva a mis cinco hijos". Unos días más tarde, los cinco hijos de mi vecino van a la iglesia y confiesan su fe en Jesucristo. Suponte que después digo: "Alabado sea Dios, que respondió mi oración. Oré por la salvación de mis cinco hijos, y Él respondió mi oración, y salvó a los cinco hijos de mi vecino". Sería ridículo.

Cuando tú oras de manera específica, puedes esperar una respuesta específica. Si oras por pan, Dios te dará pan, no una piedra. Si oras por pescado, Dios te dará un pescado, no una serpiente (ver Mt. 7:9-11).

Para vencer tus preocupaciones, ora persistentemente

No tengas miedo de pedirle a Dios. Puedes hacerlo, gracias a tu relación con Él a través de Cristo: "Mi Dios, pues, suplirá todo lo que os falta conforme a sus riquezas en gloria en Cristo Jesús" (Fil. 4:19).

Dios ha prometido suplir todas tus necesidades. Sin embargo, puedes exigir el cumplimiento de esa promesa con esta advertencia. No digas: "Señor, suple todas mis necesidades". Mejor, preséntale definida y específicamente tus necesidades a Dios una por una. Y después ora persistentemente. Tus preocupaciones son persistentes. Por lo tanto, tus oraciones deben serlo también.

Ora a Dios una y otra vez. Si el Señor no te responde la primera vez, agradece tener una buena razón para volver a orar. Si Él no responde tus peticiones la segunda vez, agradécele por amarte tanto que quiera escuchar tu voz otra vez. Si te sigue haciendo esperar hasta hacerte orar siete veces, piensa: *Ahora sé que adoro al Dios de Elías, porque el Dios de Elías lo hizo orar siete veces antes de concederle su petición.*

Considera un honor que se te permita luchar en oración así como Jacob luchó con aquel ángel durante las largas vigilias de la noche. Es así como Dios edifica a sus siervos. Jacob nunca hubiera recibido el nombre de *Israel* si no hubiera luchado con el ángel por su bendición. Él siguió luchando hasta ganar. Después llegó a ser un príncipe de Dios. La preocupación no puede existir con la oración esforzada.

En los Evangelios, Jesús nos enseñó a orar. Para ello, nos dio dos grandes ilustraciones, que se encuentran en los capítulos 11 y 18 de Lucas.

En Lucas 11, leemos acerca de un hombre que quería que le prestaran pan a la medianoche. Este hombre es un ejemplo contundente de la clase de espíritu que Jesús desea inculcarnos. El hombre que pedía prestado estaba en extrema necesidad. Era sumamente enfático y no recibiría un no por respuesta (v. 8).

Jesús dijo que al orar deberías ser tan enfático y persistente como este hombre. Tú necesitas la bendición de Dios mucho más de lo que él necesitaba tres panes. Tú estás buscando algo que significa más que pan, y así como la persistencia de ese hombre finalmente ganó, el alma que se propone buscar a Dios llamará su atención y será escuchada.

Dios no tiene tiempo para peticiones displicentes y oraciones poco exigentes y fingidas. Si el sentido de necesidad no es grande, si te olvidas del asunto antes que termine el día, Dios le prestará poca atención a tu oración. Si está en juego un asunto de vital importancia, si estás dispuesto a invertir tiempo y esfuerzo e insistes hasta recibir una respuesta, Dios te escuchará.

El hombre que quiere dejar de orar, o que puede dejar de orar, no tiene la condición mental ni anímica de apreciar el favor de Dios. El alma que considera un gran privilegio conocer a Dios, que busca su presencia y sus bendiciones como los hombres buscan plata y oro, no solo será recompensada, sino que también estará en condiciones de apreciar debidamente lo que ha recibido.

Después Jesús dijo: "Pedid, y se os dará; buscad, y hallaréis; llamad, y se os abrirá. Porque todo aquel que pide, recibe; y el que busca, halla; y al que llama, se le abrirá" (Lc. 11:9-10).

Este no es el pasaje sencillo que algunas personas creen. No significa que todo lo que tienes que hacer es pedir algo y lo recibirás, o llamar a una puerta y que de repente esta se abrirá. Jesús se estaba refiriendo a una vida de continua búsqueda de Dios, una búsqueda constante, una petición diaria, una habitual llamada a la puerta.

Este es el único antídoto contra la preocupación, que a su vez puede ser permanente. Procura que tus oraciones sean constantes. Esto significa que debes desear aquello que se encuentra detrás de una puerta cerrada con suficiente intensidad para llamar con firme persistencia. Jesús estaba diciendo que al llamar de esta manera, la puerta se abriría. Esta clase de búsqueda traerá la respuesta que hace que la vida sea plena y abundante.

La parábola que se halla en Lucas 18 es aun más contundente, puesto que representa un caso donde la demora de la respuesta se malinterpreta. El demandante se presenta en la figura de una pobre viuda que busca vindicación y protección de un juez injusto. El juez es la perfecta personificación de la cruel maldad. No se ha hecho descripción más cabal de la perversión, que la que aparece en esta concisa frase: "...ni temía a Dios, ni respetaba a hombre" (Lc. 18:2).

El juez menospreciaba a aquella débil e insignificante víctima y no le prestaba atención. Pero Jesús dijo que ella siguió insistiendo que se le hiciera justicia hasta que, en absoluto egoísmo y por ninguna otra razón, el juez le concedió su petición: "Y él no quiso por algún tiempo; pero después de esto dijo dentro de sí: Aunque ni temo a Dios, ni tengo respeto a hombre, sin embargo, porque esta viuda me es molesta, le haré justicia, no sea que viniendo de continuo, me agote la paciencia" (Lc. 18:4-5).

El argumento es este: si un hombre así puede ser impulsado a hacer lo que no significa nada para él, ¿no escuchará Dios el clamor continuo de sus hijos, a los que ama con infinita compasión? Podremos soportar largos períodos en los que las oraciones parecen no tener respuesta. Podremos experimentar largos períodos de tinieblas, a veces años de espera y agotamiento, mientras enviamos infinidad de peticiones a un cielo que parece sordo y vacío. Es en esos momentos cuando Jesús nos dice: "Sigue clamando a Dios; Él te escuchará. Él no es despiadado ni te ha olvidado".

Esta parábola es para los momentos en los que la fe tambalea y el corazón se enferma de tanto esperar. Recordemos que la demora más larga para nosotros puede ser como un abrir y cerrar de ojos para los planes de Dios. El predicador Alexander Maclaren dijo hace años: "El reloj del cielo no marca la hora igual que nuestros pequeños cronómetros".

Jesús nos enseña a orar sin desmayar. Nos dice que no debemos dejar de orar. No debemos dudar. Dios sabe cuándo responder, cuál es el mejor momento y el mejor lugar. Con toda confianza, podemos dejarle a Él la cuestión de cuándo y dónde. De una cosa podemos estar seguros: Él responderá. La oración que vale no se desanima. No se rinde. Este es el poder que vence la preocupación.

Para vencer tus preocupaciones, ora con fe

La fe es actuar basado en la palabra de otra persona. La fe en Dios es actuar basado en su Palabra. Tú has sido salvo de esta manera. Es también de este modo que te fortaleces en el Señor.

A medida que meditas en la Palabra de Dios, la Biblia, desarrollas fe. "Así que la fe es por el oír, y el oír, por la palabra de Dios" (Ro. 10:17). La oración y la Palabra de Dios están inherentemente relacionadas. "Alimentarte" de la Palabra genera la fe sin la cual la oración es infructuosa.

A través de la Palabra de Dios, el Señor habla a nuestro corazón y lo prepara para la oración. Al orar le hablamos a Él en fe. Hay muchos pasajes de las Escrituras que indican que el Señor habló primero, y después el que escuchó la Palabra del Señor le habló en oración. Por ejemplo:

"Vino, pues, palabra de Jehová a mí, diciendo: Antes que te formase en el vientre te conocí, y antes que nacieses te santifiqué, te di por profeta a las naciones. Y yo dije: ¡Ah! ¡ah, Señor Jehová! He aquí, no sé hablar, porque soy niño" (Jer. 1:4-6).

Recordarás también la gran oración de Daniel. En el primer año del reinado del rey Darío, vemos que Daniel leía la Palabra de Dios. Él tenía en sus manos la profecía de Jeremías, en la cual el Señor había prometido que la desolación de Jerusalén duraría setenta años. Después de leer aquella promesa profética, Daniel buscó al Señor. La lectura de la Palabra de Dios lo llevó a orar. La lectura de la Palabra de Dios generó la fe que hizo que su oración fuera más eficaz.

El teólogo alemán J. A. Bengel tenía la reputación de saber el secreto de la oración eficaz. Un día, un compañero cristiano lo observó al final del día. Este vio al legendario hombre de Dios que estaba sentado leyendo una Biblia grande, con lágrimas sigilosas que rodaban por sus mejillas. Después de leer y meditar un largo tiempo, Bengel cerró la Biblia y comenzó a hablar con Dios en oración. Su corazón se había preparado con la lectura de la Palabra. El descuido de la lectura de la Palabra de Dios y la meditación en ella, a corto plazo, también dará como resultado el descuido de la oración.

El secreto para una oración ferviente y eficaz —la oración de fe— es el estudio fiel y diligente de las Escrituras. La fe es esencial para la oración eficaz. Toda verdadera oración tiene fundamentalmente una firme fe en Dios, que responde a la búsqueda del alma humana. Pero sin fe es imposible agradar a Dios:

"Pero sin fe es imposible agradar a Dios; porque es necesario que el que se acerca a Dios crea que le hay, y que es galardonador de los que le buscan" (He. 11:6).

Nosotros llegamos a Dios con nuestro corazón, no con nuestro intelecto.

La primera condición para tener comunión con Él es la fe, no solo de que podemos encontrar a Dios, sino de que el alma que lo busque sincera y persistentemente lo encontrará. Dios no se deja hallar por quienes lo buscan con un espíritu de fría curiosidad. Él no se deja encontrar por aquellos que simplemente desean extender el ámbito de su conquista intelectual. Esta es la razón por la cual muchos de aquellos que se autoproclaman filósofos y pseudocientíficos no han podido llegar a ninguna concepción clara de Dios. Fue a hombres de este tipo que Zofar les dijo: "¿Descubrirás tú los secretos de Dios? ¿Llegarás tú a la perfección del Todopoderoso?" (Job 11:7).

Cuando un hombre dice en el orgullo de su intelecto: "Ahora veré si existe algún Dios", podría dirigir su telescopio hacia la lejanía del cielo y contar la infinidad del cosmos que oscila en el abismo azul. Podría dar una mirada a los átomos y dividir y subdividir los electrones, pero lo más grande del universo seguirá velado a sus ojos.

Las leyes de la lógica, las teorías de los filósofos y las investigaciones de la química y la física tienen su lugar y son de gran valor, pero no constituyen un paso importante en el camino hacia tener comunión con Dios.

El hombre que puede decir junto al salmista hebreo: "Mi alma tiene sed de Dios, del Dios vivo; ¿Cuándo vendré, y me presentaré delante de Dios?" (Sal. 42:2) está más cerca de entrar en su presencia. El hombre humilde que se acerca al Señor con una fe simple y sincera, lo encuentra, mientras el filósofo busca a tientas entre las sombras de la teoría, y el científico se desorienta por los resultados de los experimentos.

Si quieres entrar en la vida de oración que vence la preocupación, pasa un tiempo cada día leyendo la Palabra de Dios. Ese tiempo generará la fe que le agrada. Este tiempo te preparará para tener comunión con Él; y a medida que tengas esa comunión, desarrollarás más confianza en Dios. Y este ciclo glorioso seguirá a toda marcha mientras vivas.

Para vencer tus preocupaciones, ora en privado

"Mas tú, cuando ores, entra en tu aposento, y cerrada la puerta, ora a tu Padre que está en secreto; y tu Padre que ve en lo secreto te recompensará en público" (Mt. 6:6).

Dios trata con nosotros cara a cara y corazón a corazón. No puedes tener una audiencia con el rey y seguir hablando con los demás al mismo tiempo. Los asuntos entre Dios y tú son demasiado sagrados y personales para ponerlos al descubierto ante otros.

Además, la oración requiere tal concentración, tal enfoque, tal reunión de fuerzas, que demanda la quietud del lugar privado. Cuando oramos, le decimos a Dios cosas y secretos del corazón que son sumamente personales, pecados que necesitamos confesar, anhelos profundos del alma que necesitamos susurrarle al oído. Además, debemos darle a Dios la oportunidad de que nos hable. El "silbo apacible y delicado" de Dios no puede escucharse en medio del vocerío de la vida cotidiana.

Jesús no quiso decir que no se podía orar a no ser dentro de una habitación vacía; sino que las puertas del corazón y la mente deben estar cerradas al mundo. Al cerrar estas puertas, estamos creando el espacio para orar, pues en la oración, nadie está presente, solo Dios y nosotros. Aun nuestro amigo íntimo está fuera de estas puertas. Él o ella podrían estar en la misma habitación físicamente o sentarse en el mismo banco, pero siguen estando afuera. No debemos permitir nada que nos distraiga. Debería haber un letrero mental frente a nosotros que dijera:

Ocupado en asuntos importantes con el Todopoderoso. ¡Prohibido el paso!

Créme: la preocupación no puede permanecer cuando estás encerrado con Dios en el santuario secreto de la oración.

Para vencer tus preocupaciones, ora con agradecimiento

La clase de oración que acaba con la preocupación es aquella que pide alegre y jubilosamente. Puedes orar: "Señor, estoy atravesando una crisis económica. Te bendigo por esta situación, y te pido que suplas todas mis necesidades".

Puedes orar: "Señor, estoy enfermo. Te doy las gracias por esta aflicción, pues tú has prometido que todas las cosas les ayudan a bien a los que aman a Dios. Ahora te suplico que tengas a bien escucharme".

O puedes orar: "Señor tengo un grave problema. Te doy gracias por este problema, porque sé que encierra una bendición, aunque no la pueda ver. Ahora, Señor, te pido que me des la gracia para atravesar esta situación".

Esta es la clase de oración que acaba con la preocupación.

25

VIVE CERCA DE DIOS

Se cuenta la historia de dos irlandeses, Patricio y Miguel, que se salvaron por poco de morir en el naufragio de un barco. A duras penas, flotaban sobre unas tablas de madera en medio de las aguas congeladas del océano. Patricio era adicto al lenguaje profano y vulgar, pero estaba dispuesto a arrepentirse si el Señor lo rescataba. A Miguel le pareció lógico. Así que Patricio adoptó un aspecto piadoso y comenzó a orar.

Justo antes que Patricio llegara a la tesis central de su oración de arrepentimiento, Miguel divisó un barco que se dirigía hacia ellos. Tan alegre como Colón cuando vio por primera vez las costas del nuevo mundo, Miguel gritó: "Espera, Patricio. No te comprometas. Aquí viene un barco". Y Patricio dejó de orar inmediatamente.

¿No es eso lo que hacemos muchos de nosotros?

Con gran frecuencia, las únicas veces que oramos es cuando tenemos dificultades. Y tan pronto como las cosas mejoran, nos olvidamos de Dios. Nuestro versículo de inspiración es el Salmo 50:15: "E invócame en el día de la angustia; te libraré, y tú me honrarás".

Espiritualmente hablando, la mayoría de nosotros puede afrontar los momentos adversos mucho mejor que los prósperos. Igual que los israelitas de la antigüedad, parece que cuando nuestra prosperidad se extiende, nuestra espiritualidad se contrae. Igual que Patricio, clamamos al Señor solo cuando las cosas van mal. Pero tan pronto como las condiciones mejoran, volvemos a recurrir a nuestros propios medios. El Señor es una vía de escape alternativa, nada más.

Mantén un espíritu de oración

El tiempo verbal usado en el texto griego de Filipenses 4:6 es el presente del modo imperativo. Nos da la idea de una acción continua. De hecho, Pablo estaba diciendo: "No se preocupen continuamente. Oren continuamente". Procura orar continuamente en vez de preocuparte continuamente.

Nuestro pequeño hijo Johnny respiraba solo una vez cada dos minutos y medio en las primeras tres horas de vida. Debido a su deficiencia respiratoria, su cerebro no recibió la cantidad adecuada de oxígeno, lo cual causó la destrucción de células de su cerebro y la atrofia de los movimientos de su cuerpo.

Muchos cristianos están sufriendo del equivalente espiritual de esta condición. La oración es la respiración del cristiano. Cuando se obstruye la respiración, se pone en peligro la salud. Cuando el cristiano permite una obstrucción en su vida de oración, la salud espiritual se deteriora. Una cantidad insuficiente de oxígeno de oración destruye la fibra espiritual y atrofia la eficiencia del cristiano. Si queremos ser saludables espiritualmente, debemos orar con constancia. Como dice la Palabra: "Orad sin cesar" (1 Ts. 5:17).

La vida de oración del cristiano debería ser una vida de oración incesante, "orando en todo tiempo" como dijo Pablo en Efesios 6:18. Esto significa orar siempre, en toda ocasión. Si quieres vencer la preocupación, debes mantener siempre un espíritu de oración. Debes vivir con la predisposición a orar.

¿Podemos realmente orar sin cesar?

Uno de mis profesores de teología, mientras explicaba el significado de "orar sin cesar", recordó la experiencia de algunos ministros que conocía. Estos se habían congregado el lunes a primera hora de la mañana para la reunión de ministros. Mientras hablaban en el atrio, mencionaron este versículo. La conversación se volvió animada. Y no tardaron en admitir que el versículo les resultaba enigmático. ¿Cómo era posible orar sin cesar?

Sucedió que la mujer que limpiaba los escuchó por casualidad y se acercó a ellos: "Yo estoy siempre orando —les dijo—. Cuando me voy a dormir a la noche, le doy gracias al Señor por el gozo de descansar en sus brazos eternos. Cuando me despierto a la mañana, le pido que abra mis ojos para poder ver cosas nuevas y asombrosas en su Palabra. Cuando me voy a duchar, le pido que me limpie de mis imperfecciones ocultas. Cuando me visto, le pido que me vista con su humildad y amor por las almas. Cuando desayuno, le pido que me haga crecer con el pan de su Palabra…".

Ella siguió así por varios minutos, y les enseñó a aquellos ministros profesionales una lección que nunca olvidarían.

Orar sin cesar significa mantener la mente en sintonía con Dios y en sintonía con la voluntad de Dios. Aunque puede que no estés en contacto deliberada y conscientemente con Él, *notas* su presencia y el hecho de que tu vida es dirigida por su voluntad. Es muy similar a una madre que está en sintonía con las necesidades y exigencias de su bebé, aunque esté durmiendo, el más mínimo lloriqueo la despierta. De igual modo, el más mínimo impulso del Espíritu debería llamar nuestra atención inmediatamente.

Isaías escribió: "Tú guardarás en completa paz a aquel cuyo pensamiento en ti persevera; porque en ti ha confiado" (Is. 26:3). Estar en sintonía con Dios nos mantiene conscientes de su presencia. Y esto produce completa paz. Por lo tanto, la oración es el ingrediente esencial para una vida de paz.

Las páginas de la Biblia están llenas de nombres de mujeres y hombres que oraban. Todos aquellos que tenían fortaleza en Dios eran personas de oración. ¿De qué otro modo podríamos explicar la confianza de Débora, Daniel o Ana?

Por supuesto, el gran ejemplo es nuestro Señor, cuya vida íntegra era una oración. Antes que hiciera cualquier cosa, oraba. Después de hacer cualquier cosa, oraba. Oraba a la mañana, al mediodía y a la noche. A veces oraba toda la noche. Cada vez que estaba solo, oraba. Nunca faltaba oración en sus labios ni en su corazón. Fue el ejemplo perfecto de alguien que oraba sin cesar.

Una palabra de advertencia.

Están aquellos que excusan su falta de un tiempo a solas con Dios y dicen: "Yo oro todo el tiempo. Oro mientras voy conduciendo el automóvil hacia mi trabajo. Oro mientras trabajo. Oro todo el tiempo, en cualquier cosa que haga". Ahora bien, esto está bien y es bueno. Pero es esencial también que pasemos un tiempo estipulado con Dios cada día. Necesitas estar a solas con Dios al menos un tiempo, así como necesitas estar a solas con tu esposo o tu esposa.

Oración en práctica

Charles Simeon dedicaba cuatro horas de cada mañana a la oración. Carlos Wesley pasaba dos horas diarias en oración. Se dice que John Fletcher manchó las paredes de su habitación con el aliento de sus oraciones. A veces oraba toda la noche. Él decía: "No me levanto de mi asiento hasta no haber elevado mi corazón a Dios". La oración es la fuerza motriz de nuestra vida espiritual. No es de extrañarse que Adoniram Judson diera este consejo: "Haz cualquier sacrificio para mantener una vida de oración".

Puede que no tengas horas continuas para dedicarte a la oración. Está bien. D. L. Moody nunca pasaba más de quince minutos en oración. Pero oraba muchas veces y por todo.

Por lo tanto, hasta donde te sea posible, asegúrate de apartar tiempo, preferiblemente a la misma hora cada día, para tener comunión con Dios. Quince minutos para orar y quince minutos para leer la Biblia podrían ser suficientes, aunque siempre se recomienda que sea más tiempo. Para mí personalmente el mejor momento es en la mañana. Cuanto más me entrego al Señor por la mañana, menos tengo que confesarme a la noche. El tiempo devocional por la mañana es como un desayuno espiritual:

> "Él respondió y dijo: Escrito está: No sólo de pan vivirá el hombre, sino de toda palabra que sale de la boca de Dios" (Mt. 4:4).

> "Desead, como niños recién nacidos, la leche espiritual no adulterada, para que por ella crezcáis para salvación" (1 P. 2:2).

Si quieres ser fuerte, debes recibir alimento espiritual al comienzo del día para que te sustente durante la jornada. Es improbable que sufras grandes tentaciones mientras estás durmiendo. Pero durante el día, te enfrentarás a grandes presiones y estrés. Otro de mis antiguos profesores tenía un lema: "No hay desayuno sin Biblia. No hables con nadie antes de hablar con Dios".

La eficacia de tus breves momentos de oración durante el día dependerá de estos períodos de tiempo más extensos que pases con Dios al comienzo del día. No digas que no tienes tiempo. Algunas personas tienen más dinero que otras. Algunas tienen más talento que otras. Pero todos tenemos la misma cantidad de horas al día. Todos tenemos veinticuatro horas de sesenta minutos al día. Cómo las programamos depende de nosotros.

Por ser evangelista, pasaba bastante tiempo lejos de mi casa. En algunas ocasiones, de camino de una ciudad a otra, podía pasar por mi casa por unos momentos. Sentía mucho placer de poder ir a mi casa, y mi esposa y mi hijo también daban muestras de disfrutarlo.

Sin embargo, supongamos que cuando hubiera tenido una semana libre entre reuniones, no hubiera querido ir a mi casa. Supongamos que, en cambio, hubiera usado ese tiempo para ir a visitar a algunos amigos. La próxima vez que "fuera" a mi casa, probablemente me dejarían "afuera" de mi casa. Pero mi familia sabía que a mí me encantaba estar en casa y que trataba de pasar la mayor cantidad de tiempo posible allí. Eso hacía que hasta las visitas más breves fueran un placer para todos nosotros.

De igual modo, nuestras breves visitas al Señor traen un mutuo regocijo si somos fieles en apartar períodos de tiempo más extensos para hablar con Él en deliberada y ferviente intercesión.

Finalmente

Cuando te encuentras preocupado, utiliza esta fórmula de alabanza, confianza y oración, y Dios te dará paz. Además cuando ores, recibirás fortaleza para ofrecer alabanza y manifestar confianza. Al orar, serás cada vez más eficiente en la oración.

Ahora cree esto: cree que Dios te dará precisamente lo que te ha prometido si reúnes las condiciones. Él te dará paz. Él no puede romper su promesa. Él es el Dios "que no miente" (Tit. 1:2).

¿Eres de aquellos que oran, pero solo dicen palabras? Mientras estás pidiéndole a Dios que te ayude a vencer la preocupación, ¿estás al mismo tiempo preocupándote por no orar correctamente? ¿Estás preocupado porque tal vez no hayas reunido todas las condiciones?

¡Deja de psicoanalizarte! No seas un hipocondríaco espiritual. Deja de pensar en ti y piensa en Dios. Dedica bastante tiempo de tu oración a agradecerle por lo que ha hecho y a alabarlo por quién es Él. Después estarás en condiciones de orar inteligentemente, específicamente, persistentemente y con fe.

Al orar, imagina que eres una persona equilibrada por completo, dinámica, feliz, que vive en la fortaleza de Dios y para su gloria. Sin duda, esta es la voluntad de Dios para tu vida. Por eso, por fe, cree en Dios y aférrate a Él en oración, y le darás gloria y experimentarás paz de espíritu.

Tú eres quien crees que eres. Por lo tanto, deja de ofender a Dios. Confiesa que eres un alma redimida. Eres un hijo del Rey. Estás en alianza con el Creador del universo. Confiesa que eres un potencial receptor de las cualidades, las actitudes y los recursos que glorificarán a Dios y bendecirán a aquellos que te rodean, y que vivirás victoriosamente sobre toda ansiedad y preocupación.

PARTE 3

QUÉ LOGRAS AL VENCER TUS PREOCUPACIONES

26

PAZ EN LUGAR DE PREOCUPACIÓN

En Filipenses 4:6, el apóstol Pablo nos dice que orar nos ayudará a vencer la preocupación. Luego añade:

"Y la paz de Dios, que sobrepasa todo entendimiento, guardará vuestros corazones y vuestros pensamientos en Cristo Jesús" (Fil. 4:7).

La palabra traducida "paz" se puede traducir a su vez como "tranquilidad", "armonía", "unidad", "seguridad", "protección", "prosperidad" y "felicidad".

La preocupación no puede subsistir en una atmósfera como esta. Así como la preocupación implica "dividir la mente", la paz implica "unificar la mente", al fijarla en objetivos loables y estimularla con causas que realmente valgan la pena.

Dios es el Autor de esta paz. Es "la paz de Dios". Y Dios no nos confunde; "pues Dios no es un Dios de confusión, sino de paz. Como en todas las iglesias de los santos" (1 Co. 14:33). Y en la Palabra de Dios, la paz y la unidad van juntas, pues los cristianos han de esforzarse en "…guardar la unidad del Espíritu en el vínculo de la paz" (Ef. 4:3).

Esta es la paz genuina, que Dios ha concebido.

Los hedonistas no tienen esta paz. Estos individuos toman todo a la ligera; se burlan, silban y cantan. Son alocados, necios, frívolos y ligeros de pies, y pueden bailar y cantar, aunque por poco tiempo, pues simplemente están postergando su aflicción. Pero llegará el día en el que tendrán que dar cuentas; y ese día llegará con rapidez y furia.

Los estoicos no tienen esta paz. Estos son individuos que contienen sus nervios; no hay nada que los sobresalte ni los conmueva. Si les clavan un cuchillo, sentirán dolor, pero no lo demostrarán. A pesar de todos los golpes y reveses de este mundo caótico, se han endurecido y soportan todo sin quejarse. Esto podría ser digno de elogio, pero no es paz.

Los epicúreos no tienen esta paz. Estos son individuos que alardean: "Comamos, bebamos y festejemos, porque mañana moriremos". No tienen nervios de acero. La pasan bien, pero saben que sus expectativas a largo plazo no son buenas.

La paz de Dios es radical y realista. No es una alucinación subjetiva que intenta disfrazar la realidad. Esta paz se basa en la absoluta suficiencia de Dios, así como en nuestra disposición a reconocer que somos indefensos y que dependemos de Él. En respuesta, Él vive su propia vida en nosotros y trae armonía, propósito, sentido y confianza.

Paz con Dios y paz de Dios

La distinción entre paz *con* Dios y paz *de* Dios es muy importante. "Justificados, pues, por la fe, tenemos paz para con Dios por medio de nuestro Señor Jesucristo" (Ro. 5:1). Mas no todo hijo de Dios tiene la paz de Dios. Nadie puede disfrutar de la paz de Dios si no está en paz con Dios. Por otro lado, como lo atestigua la experiencia de multitud de cristianos, es posible tener paz con Dios y no apropiarse de la paz de Dios.

Esta paz de Dios se basa en el hecho de que todo lo que Él hace es bueno. Está fundada en lo que dijo Jesús: "…No te desampararé, ni te dejaré" (He. 13:5).

¿Recuerdas la historia de Marcos 4, cuando el Señor cruzó el Mar de Galilea? Él estaba durmiendo en la popa de la barca. Los vientos comenzaron a enfurecerse, y las olas, a ser cada vez más altas, hasta que se desató una gran tormenta. La pequeña barca se balanceaba peligrosamente mientras se posaba en la cresta de las olas y luego caía con violencia hasta su vórtice. En esa situación, los aterrados discípulos clamaron: "Maestro, ¿no tienes cuidado que perecemos?". ¡Así y todo, Jesús estaba dormido! ¡Eso es paz!

Cuando Jesús se levantó y reprendió la tormenta, miró a sus discípulos y les dijo: "¿Por qué estáis así amedrentados? ¿Cómo no tenéis fe?". Puedo oír lo que murmuraban los discípulos: "¿Poca fe? ¿Poca fe? Somos pescadores experimentados. Nunca hemos visto una tormenta como esta, ¡y tú dices que tenemos poca fe!". Pero Jesús no había dicho: "Vayamos mar adentro y ahoguémonos". Él había dicho: "...Pasemos al otro lado" (Mr. 4:35).

Ahora bien, cuando has invitado al Señor a entrar a tu corazón, le has entregado el control de tu vida y has escuchado sus Palabras que te aseguran: "...No te desampararé, ni te dejaré" (He. 13:5), tienes acceso a una paz que el mundo no te puede dar ni quitar.

La paz de Dios, dice la Biblia, sobrepasa todo entendimiento (Fil. 4:7). Esto puede interpretarse de dos formas:

Primero, puede interpretarse como que la paz de Dios está fuera del alcance de la comprensión humana. Es más profunda, más ancha, más agradable y más maravillosa de lo que un cristiano feliz pueda explicar, pues disfruta lo que no puede comprender.

Segundo, puede interpretarse como que la paz de Dios excede en eficacia a cualquier simple medio humano que reduce el estrés.

Imagínate a un hombre preocupado, que trata de resolver sus preocupaciones con el esfuerzo de su propio entendimiento. Fracasará miserablemente. Podría recurrir a la filosofía estoica, epicúrea o al poder del pensamiento positivo; sin embargo, no importa qué haga, fracasará.

Luego, este hombre decide recurrir a la Palabra de Dios. Responde afirmativamente a sus mandamientos. Una vez que alcanza paz con Él, utiliza la fórmula que le da la paz de Dios: ALABANZA + CONFIANZA + ORACIÓN. Ahora su bien más preciado es la completa paz. En este sentido, la paz de Dios sobrepasa todo entendimiento en cuanto a que excede en eficacia cualquier intento de solución que haya creado la ciencia humana.

La paz de Dios es indestructible

La paz de Dios "...guardará vuestros corazones y vuestros pensamientos en Cristo Jesús" (Fil. 4:7). En este pasaje, Pablo une los conceptos de paz y de guerra, pues utiliza una palabra claramente militar para expresar la función de esta paz divina. Esa palabra, traducida "guardará", es la misma palabra usada en otras de sus cartas, y traducida "puso guardias que custodiasen" (2 Co. 11:32 CST).

La paz de Dios asume funciones "militares"; custodia la mente y el corazón. La paz de Dios custodia y guarda a la persona en su conjunto; todas las dimensiones de sus pensamientos, sentimientos, disposición, deseos y comportamiento. Podemos disfrutar de esta paz divina aun en medio de los conflictos. Puede guardarnos de toda preocupación, ansiedad, cambio, sufrimiento y adversidad. Y nos da un descanso inalterable en Dios.

En lo profundo del seno del océano, debajo de la región donde los vientos braman y las olas rompen, hay calma; pero la calma no es estancamiento. Cada gota del insondable abismo finalmente asciende a la superficie mediante la acción de los rayos del sol, se expande por el calor y se envía con una misión benéfica alrededor del mundo. Asimismo, en lo profundo de nuestro corazón —bajo la tormenta, bajo los fuertes vientos y las crecientes olas—, esta paz produce una calma esencial, vital y reconfortante.

Gotas de esta calma podrían ascender a la superficie de nuestro comportamiento mediante el poder del Sol de Justicia —Jesucristo, la Luz del Mundo—, expandirse por el calor del Espíritu Santo y enviarse con una misión de servicio alrededor del mundo.

La paz de Dios es eterna

El tiempo verbal de la palabra "guardará" en el texto griego es el futuro del indicativo activo, y el contexto deja claro que la paz de Dios tendrá una acción constante y continua.

Deja de preocuparte constantemente. Presenta tus peticiones delante de Dios siempre. Y tendrás la seguridad de que la paz eterna custodiará y guardará tu mente y tu corazón por medio de Jesucristo. ¡Qué antídoto contra la preocupación!

La seguridad de esta paz no depende de ninguna circunstancia externa, pues solo es posible por medio de Jesucristo. Una vida sin Cristo es una vida sin paz. Sin Él podrías tener entusiasmo, éxito terrenal, tus sueños hechos realidad, diversión y tus pasiones satisfechas; ¡pero nunca tendrás paz!

Horatio G. Spafford era un famoso abogado de Chicago y miembro de la Iglesia Presbiteriana de la avenida Fullerton de esa ciudad. Durante la crisis financiera del 1873, perdió gran parte de sus posesiones.

En medio del estrés y la tensión de aquellos tiempos, persuadió a su esposa y a sus cuatro hijas para que viajaran a Francia y se alejaran de toda aquella situación preocupante. Con este propósito, reservó los pasajes para su esposa y sus hijas en el barco de vapor *Ville du Havre,* el cual partió el 15 de noviembre. La primera semana de viaje transcurrió sin incidentes; cientos de pasajeros disfrutaban de la tranquila dicha de un viaje por el océano. Fue así hasta la noche del 22 de noviembre.

Poco después de la medianoche, el buque *Loch Earn*, con destino a Nueva York, colisionó con el *Ville du Havre*. A los pocos minutos, el transatlántico francés se hundió bajo las aguas del océano. El *Loch Earn* no sufrió daños por la colisión y rescató a todos los sobrevivientes que pudieron encontrar. De los doscientos veintiséis pasajeros que estaban a bordo del *Ville du Havre*, solo ochenta y siete sobrevivieron.

La señora Spafford estaba entre los sobrevivientes, pero sus cuatro hijas perecieron. Tan pronto como llegó a tierra francesa, le envió un telegrama a su esposo que decía: "Estoy a salvo. Perdimos a las niñas. ¿Qué debo hacer?".

El abogado de Chicago partió inmediatamente para encontrarse con su esposa y traerla nuevamente a Chicago. Fue en el profundo dolor de su duelo que escribió su único himno: "Alcancé Salvación". La aflicción por su terrible pérdida y la paz que experimentó al rendir, junto a su esposa, su vida al trato providencial de Dios, se describen en las estrofas del himno:

De paz inundada mi senda ya esté,
o cúbrala un mar de aflicción,
mi suerte cualquiera que sea, diré:
Alcancé, alcancé salvación.

Ya venga la prueba o me tiente Satán,
no amenguan mi fe ni mi amor;
pues Cristo comprende mis luchas, mi afán,
y su sangre vertió en mi favor.

Feliz yo me siento al saber que Jesús,
libróme de yugo opresor;
quitó mi pecado, clavólo en la cruz:
gloria demos al buen Salvador.

La fe tornaráse en gran realidad
al irse la niebla veloz;
desciende Jesús con su gran majestad,
¡aleluya! Estoy bien con mi Dios.

Hermano cristiano, antes de ser salvo no tenías paz, ¿cierto? El corazón sin Cristo es como un mar turbulento que no se puede calmar. No hay paz para él.

Ahora eres un cristiano. El Señor te dio paz respecto a tu relación con Él y a tu perspectiva de la eternidad. Sin embargo, si has de disfrutar la paz de Dios a pesar de las preocupaciones, la ansiedad y las incertidumbres de la vida diaria, por más diminutas que sean —"las zorras pequeñas echan a perder las viñas"—, debes fijar tus pensamientos en Él: "puestos los ojos en Jesús…" (He. 12:2).

Mantén tus pensamientos en Él. Esto te ayudará a cumplir la fórmula bíblica: ALABANZA + CONFIANZA + ORACIÓN. La alabanza, la confianza y la oración juntas te traerán paz a tu vida en la gracia de Dios. Cuando Cristo vive en ti es "…entonces tu paz como un río, y tu justicia como las ondas del mar" (ver Is. 48:18).

27

¿ERES CAPAZ DE VIVIR UNA VIDA SIN PREOCUPACIONES?

Durante mi segundo año de estudios en la escuela secundaria, mi maestra de lengua nos pidió a los alumnos que leyéramos la autobiografía de Benjamín Franklin.

Este libro dejó una huella indeleble en mí. Benjamín Franklin llegó a la conclusión de que necesitaba dominar trece aspectos de su vida. Y se fijó el objetivo de hacerlo de una manera disciplinada y programada. Así diseñó una cuadrícula con las trece "virtudes" enumeradas en la columna de la izquierda y las semanas 1-13 a lo ancho de la parte superior. Cada semana se dedicaría a trabajar especialmente en una "virtud", pero también calificaría cuán bien o mal le estaba yendo en las otras doce.

Con este sistema, Franklin podía cubrir las trece "virtudes" cada tres meses. Hacia el final de su vida, dijo que había llegado a dominar todas las virtudes menos el orden y la organización.

Usa este libro para cambiar tu vida

Con una vez que leas este libro, no podrás corregir toda una vida habituada a la preocupación. Si te interesa seriamente vencer la preocupación —transformar una mente dividida en una mente centrada, aprender cómo manejar el estrés—, debes incorporar sistemática y disciplinadamente los principios de este libro a tu vida diaria. Vencer la preocupación no tiene que ver con un conjuro mágico. No tiene que ver con una solución rápida. Es una destreza que llegas a dominar cuando la pones en práctica consecuentemente durante cierto tiempo.

Piensa en cuántas veces te caíste hasta dominar la destreza de montar en bicicleta. Reflexiona en la cantidad de repeticiones que se requieren para aprender una segunda lengua. Considera el progreso lento, pero firme, que tiene el músico novato hasta que llega a convertirse en un músico exitoso.

Para vencer la preocupación, tendrás que repetir la conducta requerida hasta que ya no necesites hacerlo conscientemente, sino que llegue a ser la expresión de tu subconsciente. Incluso puede que te resulte provechoso usar el método de Franklin.

Tal vez no tengas problemas para mantener el hábito de "gozarte", pero te cueste "dar gracias por las bendiciones de Dios sobre tu vida". Si es así, entonces necesitarás enfocarte en mejorar ese aspecto.

Cualquiera que sea el área que decidas mejorar para tratar con la preocupación, puedes maximizar el poder de la repetición y escribir la FÓRMULA DE LA PAZ de este libro en tarjetas colocadas alrededor de tu casa y de tu lugar de trabajo.

Hace más de cincuenta y cinco años que preparé mi primera conferencia sobre este tema. Y hace más de cincuenta años que escribí el libro. Hasta hoy día, me refiero a este como si me refiriera a un manual. No recomiendo el material de este libro porque lo haya escrito yo; sino simplemente porque contiene lo que he aprendido en las Escrituras, la observación y la experiencia personal, y porque me ha dado resultado a mí y a miles de otras personas.

Cómo conseguir ayuda adicional

Con la última página de este libro, comienzas a transitar un camino. Es un camino que puede hacerte dejar atrás las vanas preocupaciones y llevarte a vivir la vida en plenitud. Si quisieras recibir ayuda o consejo adicional, o tener acceso a otros materiales que te ayuden a transitar este camino, puedes escribirme con toda confianza a la siguiente dirección: John Edmund Haggai, P.O. Box 921311, Norcross, Georgia 30010-7311, EE. UU.

¡Que la paz sea contigo, y espero recibir noticias tuyas!

ACERCA DEL AUTOR

John Edmund Haggai
Fundador y Presidente del Instituto Haggai

John Edmund Haggai ha sido reconocido como un hombre de visión, un estadista del mundo cristiano, un evangelista y un experto del púlpito; todo lo cual es verdad acerca de este enérgico hombre de Dios.

Como todo un pionero, el Dr. Haggai inició una misión única e innovadora en obediencia a la Gran Comisión. Una visita a Asia a principios de la década de 1960 convenció a Haggai que los cambios en la geopolítica global que produjo el fin del colonialismo requerían una nueva estrategia de evangelización mundial. En 1969, después de años de investigación, oración y crecimiento, presidió el primer seminario de liderazgo avanzado, destinado a adiestrar y movilizar líderes nacionales para alcanzar a su propio pueblo para Cristo.

El Instituto Haggai ha adiestrado a decenas de miles de líderes cristianos y laicos que trabajan en casi todos los países del mundo no occidental. Estos han multiplicado su eficiencia significativamente al transmitir su adiestramiento a un promedio de cien líderes más cada uno.

Después de más de sesenta años de servicio público, este hombre no muestra señales de disminuir su trabajo para el reino, sino que sigue dirigiendo el ministerio, escribiendo su autobiografía y hablando en iglesias, universidades, seminarios y grupos empresariales alrededor del mundo.

El Dr. Haggai, ex alumno del Instituto Bíblico Moody (donde fue nombrado "Ex alumno del año") y de la Universidad Furman, ha recibido varios galardones y doctorados honorarios de ambos lados del Pacífico.

Ha escrito más de una docena de libros, entre ellos *Vence tus preocupaciones*, *My Son Johnny* [Mi hijo Johnny], *Sea un líder influyente* y *The Leading Edge* [Liderazgo de vanguardia].

John Edmund Haggai nació en Louisville, Kentucky, hijo de un padre sirio y de una madre inglesa, cuyos ancestros ingleses se establecieron en los Estados Unidos en el 1600. John y su esposa, Christine, viven en Atlanta, Georgia; sin embargo, su influencia alcanza a millones alrededor del mundo.

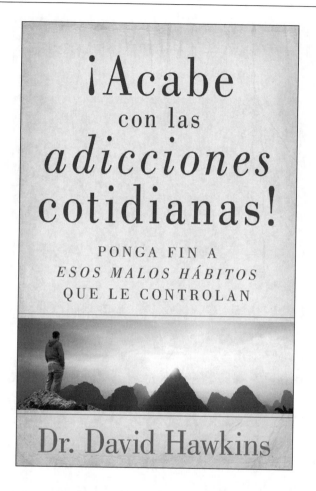

Aprenda cómo liberarse de la amargura y el dolor: Escoja perdonar. No hay palabras mágicas o fórmulas secretas para el perdón. Sin embargo, hay principios bíblicos que pueden ayudar a los cristianos a librarse del dolor. La distinguida maestra Nancy Leigh DeMoss ahonda en la Palabra de Dios para descubrir las promesas y exponer los mitos acerca del perdón. Este libro aborda las estrategias para poner la gracia y misericordia de Dios en práctica, para que podamos perdonar a otros como Dios nos ha perdonado a nosotros.

ISBN: 978-0-8254-1188-5

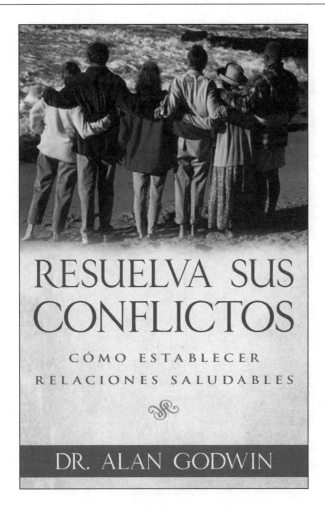

Aprenda a evitar los conflictos con los demás y manejar los encuentros difíciles de forma constructiva. No importa cuánto ame, le simpatice o quiera llevarse bien con alguien, tarde o temprano tendrá un desacuerdo con esa persona. Como resultado de años de consejería a individuos y parejas, investigaciones y sabiduría bíblica, Alan Godwin ha elaborado un análisis fácil de entender acerca de los conflictos "buenos" y "malos".

ISBN: 978-0-8254-1281-9

Disponible en su librería cristiana favorita o en www.portavoz.com

La editorial de su confianza

Una poderosa guía para superar esas malas actitudes que pueden hacer fracasar tus relaciones personales y profesionales. La autora utiliza ejemplos clásicos y de la vida moderna para ayudar a los lectores a reconocer y superar comportamientos contraproducentes como anticipar el fracaso, despreciar el éxito de los demás, ser indiferente a las necesidades de otros, y criticar la conducta o las elecciones de otras personas.

ISBN: 978-0-8254-1594-4